MW01171672

DE TOXIN A TEQUES

EDITORIAL

De Toxín a Teques
Mi camino en la vida, mi camino en la respiración.
D.R. © 2021 | Juan Diego López de Lara del Hoyo
Primera edición, 2021
Edición: Editorial Shanti Nilaya
Diseño de Interiores: Carlos A. Rodríguez | Editorial Shanti Nilaya
Portada: Carlos A. Rodríguez | Editorial Shanti Nilaya
Pintura de Portada: Rubén Ahumada

ISBN | 978-1-7371736-0-1

shantinilaya.life/editorial

Impreso en EE. UU. por Amazon
Printed in USA by Amazon

Juandieguillo

DE TOXIN A TEQUES

Mi camino en la vida, mi camino en la respiración.

shanti nilaya
EDITORIAL

ÍNDICE

Prólogo.

La historia de Juan Diego, es la de todos nosotros: la búsqueda eterna de nuestra luz interior y la capacidad de disfrutar plenamente cada momento de nuestra vida. Curiosamente, esta es la batalla más grande del ser humano. Encontrar el equilibrio entre ser nosotros mismos y respetar lo que nuestra familia y la sociedad esperan que seamos. Cada día vivimos en esta encrucijada y vamos forjando nuestro ser.

Lo que hace única la historia de Juan Diego, es el camino que ha escogido para encontrar este equilibrio. A lo largo de su prosa puedo vislumbrar lo que siempre ha sido su brújula, una pasión profunda por la vida y un amor infinito por todo lo que ella ofrece.

Pero como la vida siempre nos lanza curvas inesperadas en el camino, cuando parecía que todo estaba en su lugar con relación a su vida, un diagnóstico médico devastador cambió todo en un instante.

Su determinación y el amor profundo por su familia le dieron la fuerza necesaria para realizar no solo una recuperación profunda, si no también para emprender un camino de crecimiento que lo llevó a entender cómo vivir completamente abierto al amor y receptivo al milagro de cada instante.

Conocí a Juan Diego, por primera vez en uno de mis talleres de Respiración, era algo casual organizado por un primo para él y algunos de sus amigos en su casa. Acostumbrada a trabajar con grupos, siempre es especial para mí una oportunidad como ésta, de convivir de cerca con las personas que vienen a Respirar conmigo. Lo que no esperaba era encontrar en ese espacio, era un alma tan pura como lo es Juan Diego, y que además se convertiría en mi colega y compañero en este camino de servicio que es enseñar la Respiración Transformacional (Transformational Breath®). Disfruto mucho trabajar con él por que siempre me lleva a cuestionarme, a ir más profundo en mi conocimiento y a hacerlo todo con gozo.

Cuando Juan Diego me dice, Euge tengo una pregunta o quiero compartirte algo que he estado pensando, mi mente se llena de emoción, por que sé que estoy por escuchar algo que me va a hacer reflexionar profundamente. Después de 12 años entrenando maestros de Respiración en todo el mundo, sé que lo que Juan Diego tiene para ofrecer a sus lectores es algo muy especial y único.

Su deseo es estar al servicio de otros, su pasión es compartir, su disciplina lo lleva a hacer todo con cuidado y atención al detalle, pero lo que más lo caracteriza es su luz interior y su compromiso inquebrantable de realmente vivir bajo los principios de aquello que enseña; una vida de amor incondicional y plenitud. Sé que durante muchos años continuará transformando las vidas de aquellos que respondan a su llamado.

Eugenia Altamira
Senior Trainer and Curriculum Coordinator.

Transformational Breath Foundation.

Guadalajara, 2021.

A tí, que has hecho más rica mi vida con tu cariño.

Agradecimientos.

A Dios, y a la vida misma, por presentarse, frente a mí, en todos los matices, fragancias, sones, texturas y sabores. Por estar en mí.

A Nayeli, por siempre tratar de seguir bailando y cantando esta fiesta junto a mí. Por aguantar.

A Santiago, Andrés y Mariana, por enseñarme a ser papá y a maravillarme de nuevo de "cualquier" milagro. Por admirarme.

A mi mamá, porque soy su lujo y ella el mío.

A mi papá, por su esfuerzo constante de enseñarme a ser un buen hijo de Dios. Por su paciencia.

A Mela, porque "los tíos son, para cuando los sobrinos los necesitan", y ella, siempre ha estado. Por rajona.

A mis hermanos, por quererme, aunque
sea el más raro. Por entretener a mis padres
mientras yo me voy de realengo.

A mi familia de la respiración, por ayudarme
a descubrir el mayor tesoro.
Por apachurrarme la panza, por las risas.

A Rocío, Erika, Maru y Blanca, por aprender
juntos a desnudar el alma en letras.
Por leerme.

A Shanti, porque aún sin conocerte,
tu amor, que vive en tus padres, me ha
ayudado a amar plenamente mi ser.

"Toda vida merece ser contada"

Rocío Aceves

DE TOXIN A TEQUES

Hoy me siento frente a una libreta en blanco.

Me asusta, me emociona.

¿Y si otra vez se queda a medias?

¿Y si no es tan interesante como yo la pienso?

Espero que, al escribirla, me ayude a amarla a plenitud, a no sudar cuando la cuento. Que me permita exprimirle todo su jugo y pueda ayudar al mundo a respirar mejor.

Introducción.

Escribo porque, hacerlo, me permite poner pausa a mi vida y observar, con detenimiento, el mundo a mi alrededor: cada color, cada aroma, cada textura, cada sonido, cada sabor. Me permite traerlo a mi mente y, explorarlo, muy despacio. Tal y como soy: pachorrudo.

Porque es como sumergirme en agua fresca y clara, con los ojos abiertos y, sin respirar, contemplar mis movimientos, mis ganas de inhalar, mi capacidad para flotar.

Porque es, como manejar rápido, sin prisa de llegar a ningún lado. Por el puro gusto de sentir el viento en la cara y escuchar rechinar las llantas en cada curva.

Porque es, como andar en bici de bajada, pero en cámara lenta: puedo ver la tierra, la piedra, la raíz, el árbol y, mantener el equilibrio, sin perderme nada.

Porque es, como poder esquivar las palabras que la vida me dispara, y luego, darme cuenta de que las puedo detener, y acomodarlas en su lugar: con punto y coma.

Porque es, como viajar por el túnel de mi mente, y sin espacio ni tiempo, poder tomar cada recuerdo, conocimiento, pensamiento e ilusión, para armar el rompecabezas de una nueva idea.

Porque es, como ver mi vida en una repetición: sin expectativas del resultado. Solo por el placer de disfrutar cada evento y expresarlo.

Porque me permite platicar conmigo y contigo, y estar presente.

En 1987 yo cumplí 7 años. Entré a segundo de primaria en el Instituto Valladolid. Mis hermanos, varones mayores tenían 13 y 14 años. Creo que poco caso le hacían a Juan Diego, de siete. Mi hermana Sofía, año y medio mayor que yo, era muy mandona y la que le ayudaba en todo a mi mamá con mis 3 hermanos bebés. Así que yo quedaba libre y solo para hacer lo que quería. Mi vida transcurría entre la escuela y la calle. Bueno, no precisamente "la calle", porque en ese tiempo, mi colonia era mitad casas y mitad terrenos baldíos. Así que, al regresar de la escuela, comer y después de hacer mi poca tarea, la puerta de mi casa se abría a un universo de amigos de la calle: bicicletas, fútbol, béisbol, rampas, atrapar ranas, lagartijas, lodo, charcos, mi casa del árbol... Era una completa aventura vivir ahí afuera. No había preocupaciones de nada. Lo peor que podía pasar, era que al regresar me gritaran y después de un chanclazo, tuviera que quedarme en calzones y lavar o solo enjuagar mi ropa. Porque con tres bebés que atender, a mi mamá se le olvidaba lo que me había dicho que tenía que hacer. Así, creo que comenzó mi gusto por el aire libre, por la lluvia, por correr y andar en bici. No fue competir y llegar primero, sino disfrutar mi libertad, disfrutar mi soledad, disfrutar dejar de pasar desapercibido en mi casa para ser alguien importante en lo que era bueno: saltar más lejos en la bici, atrapar más bichos que los demás, llegar al escondite donde nadie me podía encontrar.

Después en mi casa... Todo era cenar, bañarme, acostarme... y ahí, solo... esperar. Esperar a que mi papá o mamá se acostaran dos o tres minutos conmigo. Ésa era mi felicidad.

La casa de Mela.

En mi infancia hubo un lugar que fue mágico para mí: la casa de Mela. Aunque tenía en el mundo muchos tíos: diez por parte de mi papá y cinco por parte de mi mamá, solo mi tía Mela, vivía en Morelia. No solo en Morelia, a cuatro cuadras de mi casa. Y mi primo Carlos, es un año menor que yo, así que, sin mis hermanos mayores en casa, mis hermanos chicos, muy chicos, una mamá ocupada y un papá trabajando... cuando no estaba en la calle jugando, mi refugio preferido era la casa de Mela.

Si hoy cierro los ojos y dejo viajar a mi memoria, todavía puedo ver el recorrido de mi casa a la suya. Cerraba mi puerta y la emoción me hacía correr calle abajo. Pasaba la casa de "los ricos", con sus bardas tupidas de enredaderas de hojas verdes y flores anaranjadas a las que les podías chupar la miel. Luego, me bajaba de la banqueta porque los árboles de la siguiente casa no dejaban pasar. Seguía bajando por el deportivo, en la esquina siempre estaba el camión de Estercita, (el camión aún sigue, Estercita ya no), vuelta a la izquierda y esa calle parecía inmensa: cuatro cuadras en línea recta para llegar a su calle. Ahí se me acababan las ganas de correr y prefería caminar, sin prisas... por media calle, cantando, chiflando, pensando qué iba a hacer con mi primo cuando llegara... Al llegar al tope, me daban ganas de correr de nuevo, imaginando que iba en mi bici y saltaba lejos… Otra vez a caminar, hasta que se acabara el baldío de abajo. En esa parte ya me podía subir a la banqueta, pero prefería esperarme porque en una casa había un perro negro enorme que siempre me asustaba. (Hace uno o dos años pasé por ahí caminando y un chihuahueño faldero me sacó el peor de los sustos en esa misma casa). De nuevo correr para llegar pronto, estaba perdiendo tiempo en el camino. Me encontraba una piedra, la pateaba y volvía a caminar para descansar. En la última cuadra ya no podía esperar: correr, correr, correr, pero al dar vuelta en la esquina tenía que caminar y recuperar la respiración para poder chiflar. Una inhalación profunda y sshhhiiiiiiiiiiu shhhhhhhhhhiiiiiiitt!!!! Sabía que con ese silbido, al tocar el timbre ya no tendría que esperar. Un empujón y la puerta se abría.

La casa a simple vista parecía normal: en la planta baja: jardín, cochera, sala, comedor, estudio, cocina; en la planta alta: 3 recamaras. Sin embargo, para mis primos y para mí podía transformarse en cualquier cosa: cancha de básquet, o fút, pista de patinar, laboratorio de experimentos, cuarteles, precipicios para saltar… cualquier cosa. Lo primero que hacía yo al llegar, alrededor de las cuatro de la tarde, cuando Mela, estaba durmiendo su siesta, era ir directo a la cocina. Tenía un horno que pocas veces recuerdo que lo usaran para hornear, pero adentro casi siempre guardaba un tesoro: churros de harina. Eran la cosa más deliciosa que podía comer (acabando de comer, ¡eran las 4 de la tarde!). Pero tenía un gran problema el horno: la puerta SIEMPRE rechinaba al abrir. No importaba cuánto cuidado pusiera, no importaba que lo hiciera despacio, que la empujara, que pusiera sillas para abrir desde otro ángulo, que primero la levantara y luego la abriera, que jalara con las dos manos... NADA importaba. Al abrir había un Ggggrrriiiiirrrrr delator. Solo alcanzaba a sacar un churro y al instante, Mela gritaba: "¡¡Juandieguillo, primero ven a saludarme!!".

Carlos, casi siempre estaba listo para jugar, algunas veces me tocaba esperarlo o ayudarle a acabar su tarea, pero en menos de lo que se dice "pronto tonto", la tarde era para jugar y disfrutar.

Un tiempo después, la casa se nos hizo chica, pero alrededor había muchas cosas por descubrir y explorar. Era una colonia nueva con terrenos vacíos, casas en obra negra, almacenes de materiales de construcción como madera para cimbra... ¡madera para cimbra! El terreno de al lado, en la banqueta tenía un pino de muy buen tamaño. Un día me subí y me senté en una rama. Carlos, desde la banqueta, y yo en la rama platicamos buen rato. Volteé hacia adentro del terreno y vi toda la madera que había adentro guardada. "¿Y si agarramos una tabla y la clavamos aquí en la rama para sentarnos más a gusto?". "Tú corre por el martillo y clavos, yo me brinco y busco la tabla". Así empezó una gran aventura de dos o tres años: "La casa del árbol".

La casa del árbol.

Nuestro almacén de madera resultó totalmente inagotable para nuestra casita. A veces llegaba un camión y se llevaba la mitad de nuestros recursos, pero al poco tiempo regresaba aún con más... El reto era encontrar la tabla adecuada para cada uso. En realidad, no necesitábamos segueta o serrucho; si la tabla resultaba diez o quince centímetros más grande, simplemente la regresábamos y buscábamos otra en nuestro almacén. Al principio no pensábamos en construir una casita, simplemente queríamos aguantar más tiempo sentados allá arriba platicando nuestras conclusiones y preocupaciones de la vida. Esas preocupaciones que cualquier niño de diez años entiende perfectamente. Así es que lo primero fueron dos tablas: una para Carlos y otra para mí. "Esta es tu rama y esta la mía". Después, lo que nos limitaba a estar arriba en nuestra guarida era mantener el equilibrio sentados en la misma postura. Así que ahora necesitábamos tablas para un respaldo para cada quien. "Tú corre por el martillo y clavos, yo me brinco y busco tablas". Qué sencilla parecía la vida. Encontré varias tablas que nos podían funcionar, las subí para probarlas y ohh, problema: Carlos, regresó con martillo, pero sin clavos. El almacén de madera era inagotable, pero la herramienta de mi tío no. Si queríamos clavos teníamos que trabajar. Hubo varios proyectos para conseguir dinero: ir a la tienda por leche y huevos para quedarnos con los cambios, fue el primero; lavar la combi roja, el segundo; hicimos tienditas y vendíamos churros; ir a la refaccionaria de mi papá alguna tarde, invitar a otro vecino y cobrarle una cuota por dejarlo entrar a nuestro grupo. Así se formó el grupo de "Los Mich", y hasta nuestra canción teníamos: "chidoliro, chidoliro, es el grupo de los Mich, Mich". Pero al ser más, necesitábamos más tablas, más clavos, más botana. Así que hubo más proyectos para obtener dinero.

Mi mamá decía que le gustaba mucho escuchar cantar a las ranas en su jardín: "¿Y si te traemos ranas de los baldíos y nos pagas?". Y así, cada tabla nueva en la casita se convertía en tardes y tardes de diversión afuera, en el aire libre, en los charcos y el lodo. Cuando teníamos suficiente dinero, agarrábamos las bicis y nos íbamos a ferrehogar por nuestros kilos de clavos. Los mejores eran "los de pulgada": en realidad medían 4 pulgadas. Unos clavos enormes que hoy no me imagino en qué los podíamos usar. Tampoco entiendo en dónde cupo tanto clavo en ese pino que, sin saberlo, daba su aportación y pertenecía también a los "Mich".

Hubo un proyecto para hacer dinero en especial que nunca voy a olvidar.

A mis 40 años.

"Después, en mi casa, todo era cenar, bañarme, acostarme y ahí, solo... esperar". Eran días largos de mucho hacer, de mucho correr, de mucho ruido. Quizás quería llenar mis horas para no permitirme sentir. En mis primeros cinco años de vida había sido el pequeño de la casa, creo que todos me brindaban atención. Mis hermanos mayores jugaban conmigo al rancho, me cuidaban, me sentía protegido. Mi mamá me atendía, estaba ahí para mí, me abrazaba. Cuando me quedaba dormido cenando, mi papá me llevaba cargado a mi cama, me cobijaba, un beso y en silencio, se iba... Me sentía amado. Después, las cosas cambiaron: pañales, biberones, hospitales... soledad. Supongo que igual que la casita, necesitó más clavos y más trabajo, con tres bebés más en casa pasó lo mismo. Mi papá ya no estaba para mí. Creí perder mi brillo, creí perder mi valor. Así que llenando mis días de hacer, correr y brincar, en realidad pretendía cansarme y ocultar mi nueva verdad. Cuando al final me acostaba para ahí, sólo... esperar. Lo que yo siempre esperaba era que volviera mi papá, era que me abrazara mi mamá. Aunque fueran esos dos o tres minutos... ellos, solo para mí. Esperaba todo el día para recuperar mi valor, para ser amado otra vez.

Hoy, a mis 40 años, me he dado cuenta que en verdad he estado esperando. Quizás las circunstancias han cambiado, pero yo sigo esperando. Ya no estoy acostado en mi cuarto de niño, pero sigo esperando. Han pasado muchos años y todo mundo ha cambiado, pero yo sigo esperando. Esperando ser reconocido, esperando ser visto. Que alguien valores lo que hago, que usen y les gusten mis regalos, que aprecien y reconozcan mi trabajo... ¡Esperando!

Creí perder mi brillo, creí perder mi valor. He esperado que alguien lo vea y lo aprecie, mientras yo lo abrazo y lo quiero ocultar.

Ya no quiero esperar más.

Quiero ver, quiero sentir.

Quiero ser, quiero brillar.

Qué importa si alguien lo ve o no.

Qué importa si lo valoran o ignoran.

Vivo, río, respiro, brillo... SOY.

El Gallo del Vecino.

El pino de la casita del árbol no era el único en la calle. Había varios en ambas banquetas. La casa de enfrente de la casa de mi tía, también tenía su pino afuera. Era una casa diferente a las demás: tenía el doble de terreno, pero fondo, no de ancho. De tal manera que el vecino podía entrar a su casa por dos calles: por la de la casita, que daba a su jardín, o por la calle paralela, donde estaba el frente de su casa. En el portón trasero de su casa, donde estaba el pino en su banqueta, había una marquesina muy amplia y además tenía malla ciclónica. Supongo que el vecino algún día pensó: "tengo buen espacio en esa marquesina, dos barrotes más, malla de alambre y me queda una jaula... sí, me voy a comprar un gallo". ¡Claro! Al cabo él dormía en la otra cuadra... pero mi tía dormía a quince metros del mentado gallo.

A la semana de que el gallo llegó me dijo Mela: "Juandieguillo, te doy quinientos pesos si matas a ese pinche gallo que no me deja dormir".

¡QUINIENTOS PESOS! ¿Que qué? yo, en vez de ver pesos, vi clavos, pintura, brocha, candados, escalera, cojines, extensión eléctrica, churros, refrescos, dulces: "¡Sí, nosotros lo matamos!".

Nunca pensé que matar un gallo, a través de una malla ciclónica, colgando en una rama de pino, fuera tan difícil. El primer intento fueron las resorteras. Mi hermano tenía una profesional con soporte en la muñeca y el antebrazo. "Rápido, Carlos, tráete tu bici y vamos por ella, te llevo en los diablos". El recorrido, que antes se me hiciera largo, con la resortera en mente se me hizo inmediato. Llegué a mi casa, entré corriendo: "ya llegué má", subí, fui al cajón de mi hermano, agarré su resortera, bajé: "ya me voy má", se subió Carlos, el deportivo, vuelta a la izquierda, saltamos el tope, derecho, vuelta derecha, llegamos. Aventé la bici, busqué una piedra, me subí al árbol, apunté, jalé la liga, disparé... La piedra rebotó en el alambre, "pfffffff". Me bajé, busqué otra piedra, subí, disparé... se desvió. Me dijo Carlos: "a ver, déjame a mí". Nada...

Toda la tarde subiendo y bajando, juntando y disparando piedras y nada. El gallo ni en cuenta del atentado contra su vida. Y nosotros muertos de cansancio. A la mañana siguiente, el gallo volvió a cantar.

Ahora sí, plan B: "Con un palo de escoba, se lo clavamos y ya estuvo". Subimos, bajamos, afilamos, alargamos, unimos dos palos, le amarramos un gancho... nada. A la mañana siguiente, el gallo volvió a cantar. Probamos muchas más cosas, hasta cuetes le aventamos a ver si explotaba y cada mañana, antes de amanecer, mi tía se retorcía del coraje.

Al siguiente fin de semana, fui a la "Comer", con mi mamá y en los aparadores ví la solución: "MENDOZA", un rifle de diábolos. Eso era. Ya se había vuelto personal. Costaba cuatrocientos cincuenta pesos, todavía nos alcanzaba para algo. Sin decir nada, hice cuentas. Con lo que tenía en la alcancía, me alcanzaba. Me regresé a la casa con mi mamá, rompí la alcancía y me fui yo solo a pie hasta la "Comer": "Señor, me da por favor ese rifle de $450". Nunca dudé que me lo fueran a vender y así fué. Pagué, me entregaron mi "escopeta", y con ella al hombro, caminé de regreso a la casa de Mela. Solo le platiqué a Carlos. Nos brincamos al almacén de madera, aprendimos a cargar y disparar, afinamos puntería con la mitad de las municiones y cuando nos sentimos confiados, nos subimos a la casita. Ya habíamos comprobado que sí llegaban hasta allá. Me recargué en una rama, apunté muy bien al gallo, cerrando un ojo y sacando la lengua y ¡PUM!, justo en el blanco. Para nuestra sorpresa, el gallo no se murió. Le disparamos otras cuatro o cinco veces hasta que se echó, y ahí se quedó...

Hoy me apena aceptar que fuí un sicario. Que le debo una vida al universo, pero en aquel entonces, el sueño de mi tía Mela, mi orgullo y quinientos pesos, para mí valían mucho más.

¿Por qué tanto odio? 1.0

Así transcurrió buena parte de mi infancia en mi casita del árbol y en la casa de Mela. Recibí mucho cariño y mucha aceptación y lo agradezco infinitamente. Sin embargo, hay algo que nunca he podido entender... ¿Por qué tanto odio?

Al terminar mis días en los que tanto me había divertido, al regresar a mi casa, no podía platicarle a mi padre las cosas que había vivido. Es como si hubiera tenido un mundo de risas, logros, alegrías dentro de mí y los tuviera que callar. Desde que yo recuerdo, mi padre nunca le dirigió la palabra a Mela. ¿Cómo es posible no querer a alguien que trata tan bien a tus hijos?.

Mi padre, hasta donde yo recuerdo, nunca entró en su casa. Ni siquiera por su calle podía pasar. Aún hoy en día, si ella está en la casa de mis padres y él llega y ve su carro, prefiere no entrar. Si por algo no ve el coche y entra, en cuanto la escucha, se da la media vuelta y se va o se encierra en su cuarto hasta el día siguiente.

No la puede ver, ni escuchar, ni quiere saber nada de ella. Así que cuando yo regresaba de su casa, todo me lo tenía que guardar.

Mi cumpleaños y el de mi prima están separados por un día nada más. Obviamente, las mamás preferían festejarlos juntos. Pero como Mela, no podía ir a mi casa, las fiestas siempre fueron allá: molletes, churros, piñatas, jue-

gos, dulces... pero sin papá. Y otra vez al regresar, todo ese
gusto lo tenía que callar. Es más, creo que sentía como si
hubiera hecho algo mal, como una infidelidad.

En una ocasión, Mela me invitó a pasar un domingo al
club. Nos fuimos desde temprano: nueve o diez de la mañana. Jugamos, corrimos, nadamos a más no poder. Todo el
día de sol, ejercicio y diversión. Regresamos ya oscuro a mi
casa, después de las 8:30 de la noche. Recuerdo muy bien la
hora, porque cuando entré a mi casa, mi papá estaba adentro esperándome con el reloj en la mano. Todo el gusto, la
alegría y diversión me los tuve que callar. Me miró entrar y
sin decir nada más, me preguntó: "¿fuiste a misa?". Negué
sin hablar. "Ponte un pantalón y vámonos. A esta hora solamente en "el Carmen". A la de las 8:30 ya no llegamos".

Fue la misa más larga que escuché, si es que la escuché.
Fue el castigo más tedioso a un día de diversión.

¿De verdad me podría ir al infierno por haber disfrutado
tanto el día si no iba a misa enojado y medio dormido?

Hay cosas que no sé si entenderé:

¿Por qué tanto odio?

¿Cómo puedes no mirar ni escuchar a alguien que ama
y cuida a tus hijos?

Quizás fue mucho lo que tuve que callar.

¿Cuál es mi brillo?

Creo que cualquier cosa o cualquier persona tiene un brillo propio, aunque sea oscura, aunque sea opaca. Tienen capacidad de emitir o reflejar luz y así es como podemos apreciar su verdadera esencia.

¿Cómo soy yo? ¿Cuál es mi esencia? ¿Qué es lo que opaca mi brillo?

Dejándome sentir, sin tanto pensar...

Mi brillo es mi capacidad de disfrutar las cosas y estar alegre. Mi capacidad de expresarlo con los ojos y la sonrisa. De expresarlo a carcajadas, chiflando, cantando, corriendo de gusto. Mi brillo es permitirme ser. Permitirme sentir, llenarme de esa emoción y darle permiso para desbordarse y que los demás lo vean. Mi brillo es vivir la tristeza y llorar a moco tendido.

Mi brillo es expresar el milagro de la vida.

¿Qué es lo que opaca mi brillo?

¡Yo mismo!

Dejar de ser, esconder lo que siento para que los demás estén contentos o no crean que disfruto algo "indebido".

Buscar la aceptación, borrando mi sonrisa.

Tragarme el nudo en la garganta porque "los hombres no lloran".

Guardar las lágrimas para una verdadera tragedia.

Bajar la voz del "Juan Colorado", cuando sé que alguien me escucha.

¿Por qué lo afirmo?

Porque lo sé. Porque a veces al reír aprieto la boca y saco el aire por la nariz. Porque cuando me voy a Pico Azul al amanecer buscando estar solo, no le digo a nadie hasta el último momento. Porque escondo las fechas de las vacaciones para acortar el tiempo de las malas caras. Porque cuando compro algo que me encanta (si lo compro), no lo enseño para evitar el "eres un gastador". Porque aprendí a guardar mis gustos, tristezas y alegrías queriendo que otros se sintieran bien.

¡A 5 pesos la rana!

La calle 8 de Septiembre, fue una calle perfecta para mí. Además de que estaba llena de niños queriendo jugar en las tardes, había mucho espacio donde podíamos acabar con nuestra energía. Además de la calle y la privada (con dos o tres carros nada más) había también dos baldíos en especial: el baldío de arriba y el baldío de abajo. Cada uno con sus características de acuerdo a lo que queríamos jugar. El de arriba, por ejemplo, tenía mucha pendiente, abarcaba dos cuadras completas de arriba a abajo, desembocando exactamente en mi calle. Tenía una vereda entre piedras y yerbas que te llevaba de lo más alto a lo más bajo, así que era el lugar perfecto para saltar en la bici o "rampear". Ahí en ese baldío corría muy bien el agua en tiempo de lluvias y había poco lodo. Por otro lado, el baldío de abajo era mucho más grande y llano, prácticamente sin pendiente. Estaba a cuadra y media de mi casa y gran parte del agua que corría en las lluvias en las calles aledañas, se encharcaba ahí. Cuando no llovía, era el espacio perfecto para jugar fútbol, béisbol, fútbeis, volar papalotes, atrapar lagartijas o pasar toda la tarde buscando abajo de las piedras algún nido de ratones. Y durante las lluvias, o te olvidabas del baldío de abajo o te enlodabas mínimo hasta la cintura. Fue un gran espacio para guerritas de lodo y salpicarnos a toda velocidad en las bicis. Sin embargo, había veces que las mamás no dejaban de ser mamás y nos mantenían en las casas tratando de que no nos mojáramos o ensuciáramos. Así que después de uno o dos días de esos en la casa de Mela, supongo que los destrozos fueron muchos y ya enfadada nos dijo: "Les compro a 5 pesos cada rana que me traigan". Yo no sé para qué querían ranas Mela mi mamá en su jardín, después dijeron que les gustaba escucharlas cantar en su jardín. Pero qué importaba que las quisieran para hacerlas caldo... ¡Eran a 5 pesos la rana y a peso el renacuajo!... Allá vamos al baldío de abajo con una cubeta a buscar ranas. En pleno tiempo de lluvias y con permiso de enlodarnos, Mela nos mandó al paraíso. Fue de los mejores días de lodo y charcos. ¡Había ranas por todos lados! en una o dos horas ya habíamos llenado la cubeta. Fuimos por más cubetas y por refuerzos con los vecinos: ¡A cinco pesos la rana! En vez de ver saltar ranas, veíamos monedas brincando por todos lados. Nada importaba, ni los tenis blancos, ni caer de sentón, ni comer lodo... Hasta Iván, que pocas veces se mojaba, estaba ahí: se puso saliba en los dedos, se la embarró en los lóbulos de las orejas (quesque para no enfermarse) y ¡a cazar! Pasamos toda la mañana y parte de la tarde perdidos en nuestro pantano, hasta que llegó Mela, en su combi por nosotros: "¿no van a comer?". Ni cuenta nos habíamos dado del hambre que teníamos. Cada quien agarró sus cubetas y ahí vamos caminando a su casa. Cinco o seis chiquillos cargando cubetas de ranas, enlodados de pies a cabeza. Me encantaría tener una foto de ese trayecto, aunque no la necesito para recordarlo. Llegamos a su jardín y fuimos por la alberquita. Una alberca de fibra de vidrio de unos dos metros de diámetro que merece el premio al mejor juguete. La compró Mela, para Carlos, con su primer sueldo y ha pasado por todos mis primos, hermanos, vecinos, fue y vino a Zacatecas, ya la usaron mis hijos y va con los nietos de Mela, el premio al mejor juguete. Pero bueno, volvamos a las ranas. Hicimos equipos para contar ranas y que no se nos pasara ninguna. Unos contaban, otros cuidaban que no se salieran de las cubetas, otro que no se salieran de la alberca. No recuerdo el número exacto, pero 500 ranas eran pocas. ¡Dos mil o tres mil pesos! "Somos millonarios". Ya nos habíamos gastado diez veces cada quien su parte. "Mela, ven, aquí están tus ranas. Son 683 (por decir un número) nos debes $3,415.00"

"¡Que!, ¿qué?, están locos! les doy $200".

_ Pero tú dijiste que a cinco pesos la rana.

_ Pues me rajo. Si quieren les doy $200.

Desde ese día sé que tengo una tía rajona.

Hicimos nuestras cuentas y enojados le dejamos sus 50 ranas (hasta pilón) y nos fuimos a la casa de mi mamá a ver si ella nos las compraba. Nos habrá dado otros cien o doscientos pesos, pero en ese camino que pasaba por el tope y el baldío de abajo se nos olvidó el coraje. Habíamos pasado un día inolvidable atrapando ranas en medio del lodo y gastando dinero en nuestra imaginación.

Creo que yo soy el que le debe esos 3,415 pesos a Mela, por ese gran día. ¡Pero me rajo! y si quiere, le invito un café.

¡PUM!

En primavera y verano el calor también traía mucha diversión a los baldíos.

Cuando jugábamos béisbol, por ejemplo, mientras esperaba mi turno al bat, había mucho tiempo para explorar en las grietas que se formaban en la tierra o debajo de las piedras. Siempre había cochinillas, hormigas, arañas, grillos y si tenías suerte, también alacranes podías encontrar. Al principio me daban miedo y aventaba la piedra que había levantado, después Pepe, mi amigo que quería ser veterinario, me enseñó cómo los podía atrapar sin que me hicieran nada y con un poco más de tiempo, cómo podía quitarles el aguijón para convertirlos en una mascota segura. Por muy seguros que fueran y aunque los dejara caminar por mi mano y mi brazo, nunca me animé a llevarlos a mi casa. Seguro que a mi mamá no le hubieran parecido tan inofensivos. Un día que teníamos algo de dinero, quise ir a investigar si era cierto que vendían cuetes donde habían dicho los amigos de mis hermanos. Así que, con Carlos, sin decir nada, nos salimos de la casa y nos fuimos caminando hacia la Lázaro, esperamos el "Circuito Carrillo", y antes de subirnos preguntamos si hacia allá era el "Mercado Independencia". Era hacia el otro lado, nos atravesamos la calle y esperamos de nuevo. Pasó el camión y ya muy seguros nos subimos, pagamos nuestro pasaje y le pedí al chofer que nos bajara en el mercado. Unos 15 o 20 minutos después, nos avisó que ya habíamos llegado. Al entrar al mercado recordé que ya había estado antes ahí con mi mamá, así que me sentí más seguro. Caminando entre puestos de manzanas, mangos, sandías, plátanos, jitomates y zanahorias, pude reconocer al señor que le vendía a mi mamá. A él le pregunté dónde podía encontrar cuetes. Seguí sus indicaciones y me fuí hacia los puestos de flores, con los arreglos para fiestas y coronas para velorios, me llegó un olor a frescura que me hizo sentir un poco menos culpable por andar solo con mi primo buscando algo que teníamos prohibido. Seguimos avanzando y llegamos a los puestos de pollos: ahí estaban en sus jaulas, esperando su turno de que les cortaran la cabeza y los metieran en agua caliente para desplumarlos y destazarlos: el miedo volvió. Entre señoras con bigotes y verrugas y señores fumando con la playera doblada hacia arriba de la panza, atravesamos los puestos de piñatas y llegamos a una zona fuera del mercado, pero más oscura por las lonas que cubrían los puestos. Ya no había frutas ni verduras, ahora los puestos eran de cosas viejas: martillos oxidados, palas manchadas, pinzas rotas y más herramientas usadas que aún podían funcionar. Siguiendo un pasillo, llegamos por fin a donde queríamos llegar: un puesto con palomitas, barrenos, chifladores, buscapiés, bombas de humo, cebollitas, cerillitos... Un mundo de posibilidades para hacer volar botellas y piedras en nuestros baldíos. El dinero que llevábamos se nos hizo poco. Compramos casi todo lo que quisimos y con una bolsa llena cada quien y el corazón saltando de alegría y culpabilidad, empezamos el camino de regreso. Muy pronto nos dimos cuenta de nuestro error: no habíamos guardado ni un peso para el camión de regreso, pero como vimos de qué lado llegamos y el camión no había dado vuelta en ningún lado seguimos caminando esperando que fuéramos hacia donde teníamos que ir. Después de 30 o 40 minutos ya estábamos en terreno conocido. Corriendo y volteando con cuidado en las esquinas, llegamos hasta nuestro refugio en el árbol. Ahí no había problema, solo nosotros teníamos las llaves y nadie más podía entrar. Dejamos ahí adentro las bolsas y entramos a la casa para sondear la situación. Todo en orden, no se habían dado cuenta de nuestra expedición. Después de tomar agua y prepararnos unos churros, el ritmo del corazón nos regresó a la normalidad. Justo cuando se estaban acabando los churros, nos llegó la señal que esperábamos: "voy a llevar a tus hermanas a natación Carlos, ahorita regreso", gritó Mela. ¡Ahora es cuándo!

En cuanto salió la combi y se cerró la puerta, corrimos por los cerillos de la estufa y nos subimos al árbol. Desde allá empezó la lluvia de chispas, cuetes y humo, parecía castillo del 15 de septiembre: tronaba y volaba periódico por todos lados, ¡eso sí que era felicidad! Después nos dimos cuenta de toda la basura de la calle y como toda estaba abajo del árbol, ni cómo decir "yo no fui". Recogimos toda la basura que pudimos y la aventamos al almacén de madera, pero aún quedaban muchos cuetes. ¿Y ahora, a dónde los aventamos? pues cómo que a dónde, si habíamos echado la basura a un baldío después de que explotaran, había que tronarlos en un baldío y ya la basura quedaba recogida. Por suerte no los echamos a nuestro almacén. Del otro lado de la casa de Mela, había otro baldío al que nunca entraban y la basura nadie la iba a notar. Metimos a la bolsa las palomas que quedaban y recorrimos por arriba la barda agarrados de la malla ciclónica hasta llegar a la marquesina. Ahí había más espacio para prender y aventar. Nos turnábamos Carlos y yo: uno prendía y el otro aventaba, después, cambio. Las podíamos aventar hacia arriba para que antes de caer al suelo explotaran en el aire. El plan funcionaba: toda la basura iba a pasar inadvertida. Solo hubo un problema que no contemplamos: el calor de mayo y la yerba seca. Una paloma tardó en explotar y ya en el suelo, escuchamos el sonido, pero segundos después la hierba empezó a crujir. ¡En cuestión de segundos las llamas eran inmensas!. "Corre por la manguera y una cubeta". Ya no había nada que pudiéramos hacer, aparte de recoger nuestras bolsas y correr a ver la tele antes de que llegara Mela. Desde la ventana de su cuarto y con la tele prendida, vimos cómo llegaron los bomberos, con sus trajes amarillos y escaleras, se subieron a la barda y en cuestión de minutos habían apagado nuestro incendio. Para cuando llegó Mela, ya solo había cenizas y creo que ni cuenta se dió. Hasta que una vecina le contó todo lo que pasó. Del castigo, que seguramente hubo, ni me acuerdo. Pero esa sensación de planear y ejecutar un plan prohibido fue algo espectacular.

La 8 de Septiembre.

La 8 de Septiembre, fue la calle donde viví toda mi infancia. Además de estar cerca de la casa de Mela, y estar rodeada de campo y baldíos, tenía también su propio encanto y vaya que si lo tenía. Cuando pienso en ella, vienen a mí, imágenes de distintas épocas de mi niñez. Lo primero que recuerdo de estar afuera, son los vecinos y amigos de la edad de mis hermanos mayores. Todas las tardes estaban ahí sentados en la banqueta, platicando y comiendo chucherías. A mí no me gustaba tanto salir con ellos porque recuerdo que se reían de mí. Después de unos años las casas siguieron, pero sus habitantes cambiaron en algunos casos. La casa de Chol, por ejemplo, pasó a ser la casa de "Pollo": un amigo excepcional de quien aprendí muchas cosas, sobre todo de inclusión y amistad. Si lo veías de sopetón, "Pollo", era el niño del que nadie hubiera querido se amigo: flaco, chaparro, siempre cojeando y caminando chueco, sin correr, sin subirse a la bici, callado. Algunos años después supe que tenía algo que se llama "hemofilia": una enfermedad que le daba a los reyes y que impide que la sangre coagule. No sé bien cómo nos hicimos amigos, lo recuerdo sentado afuera de su casa viéndonos jugar, solo viéndonos. Seguramente fue jugando tiros, la puerta de su cochera era la mejor portería. Estaba dentro de la privada, por lo que no pasaban casi carros y tenía el tamaño perfecto de acuerdo a nuestras estaturas, además esa parte de la privada estaba casi plana, sin baches. Tiros sí podía jugar porque no había contacto físico y era muy bueno, decía en dónde la iba a poner y ahí exactamente entraba el gol. Cuando nos aburríamos de los tiros y jugábamos atacando a su gol, él no decía nada, solo se apartaba y se sentaba de nuevo a vernos jugar. Alguna vez que jugó y por accidente se tropezaba o le dábamos algún golpe, pasaba diez o quince días con el tobillo lastimado y sin siquiera salir a la puerta. "Sigue hinchado" nos decía su mamá cuando lo invitábamos a salir. Un día, él fue quien llegó a mi casa para invitarme a salir: había recibido un regalo de su papá. El cuarto de servicio lo habían vaciado y donde antes estaban lavadora y secadora, había un futbolito de feria con las playeras de Chivas y América dibujadas en cada equipo. A partir de ese día su casa fue el centro de reunión todas las tardes: podíamos pasar horas jugando futbolito y como él era el que más practicaba, nos ganaba a todos. Si se sentía bien y podía salir, jugábamos tiros o cuadrito en su cochera, si no, de regreso al cuarto de servicio. Después llegó otro regalo de su papá: un Nintendo y cada ocho o quince días un juego nuevo: Mario Bros, Punch out, Contra, Hockey. Un día apareció un letrero en nuestra portería: "SE VENDE". A los pocos meses, "Pollo" se había mudado y casi no volví a saber de él. Pero sin duda de él pude aprender a ver más allá de las limitaciones físicas, a ser amigo más allá de la diversión. También gracias a él puedo ir hoy a la feria y apostarle sin miedo al que se me ponga enfrente.

Frente a la casa de "Pollo", vivían las brujas. Eran dos señoras hermanas que vivían con sus papás. Los cuatro igual de amargados. Se enojaban por cualquier cosa: que si hacíamos mucho ruido, que si el balón pegaba en su reja, que si tenían que esperar a que quitáramos las bicis para entrar o salir de su casa, todo les molestaba. Entonces obviamente, hacerlas enojar se volvió parte de la diversión cada tarde. Si sabíamos que a las cuatro la mamá se dormía la siesta, a esa hora llegábamos todos a chiflarle a "Pollo" y nos poníamos a jugar fut gritando lo más fuerte posible. El día que barrían y lavaban su banqueta era el mejor para que el circuito ciclista terminara justo en su casa con un coleón de lado a lado. Si habíamos ido en las bicis al lodo, no había mejor forma de limpiarlas que aventar las bolas del lodo que quitábamos de las llantas y aventarlas a su pared. Una tarde vimos salir al señor y suponiendo que volvería ya oscuro, corrí por la cuerda de mi papalote y con todo el miedo y emoción de que nos cacharan las brujas, lo enrollamos alrededor de su reja. Como veinte vueltas de hilo en diferentes partes de la puerta y después a escondernos en la casa de "Pollo" a esperar el resultado. Al principio todos estábamos ahí observando, luego hicimos guardias y unos se fueron al futbolito y otros al nintendo. Por fin cuando ya era hora de irnos a nuestras casas llegó el señor en su carro, se bajó y quiso abrir su puerta. Revisó y volteó para todos lados. Nosotros completamente en silencio detrás de puertas y ventanas conteniendo la respiración. Regresó a su carro, sacó una navaja y uno a uno cortó nuestras trampas anti brujas. Guardó su carro y al cerrar su reja, recuerdo su vista directamente a la ventana en la que yo estaba escondido. Sentí como si un hechizo hubiera recorrido todo mi cuerpo y el camino hasta mi casa, que eran 50 metros cuando mucho, fue como haber recorrido el bosque prohibido perseguido por criaturas mitológicas. En realidad, nos daban mucho miedo las brujas, sobre todo cuando teníamos que ir a comprarles en su papelería, "La japonesa", algún mapa, monografía o biografía para completar la tarea. Si no había nadie que me acompañara, me detenía unos metros antes de llegar, cerraba los ojos y respirando, tomaba fuerza y me armaba de valor. Al entrar todo se veía oscuro y ahí estaban: las dos hermanas y la mamá en silla de ruedas. Los seis ojos clavados en mí, me acercaba al mostrador, preparado para salir corriendo al menor movimiento sospechoso o sonido delator. Pobres de las brujas y pobre de mí. Pelearse con sus únicos clientes y proveedores. Años después los he vuelto a ver y aunque me sonríen al saludar yo sigo sintiendo como si con sus ojos quisieran convertirme en sapo y echarme en su caldero.

"¡Ve con las cuatitas por cilantro!". Era un grito muy común en mi casa. Ya fuera cilantro, azúcar, un huevo, jitomates. La casa de las cuatitas era una extensión de la despensa de mi mamá. Eran una familia de charros y dos de las hermanas eran gemelas por eso les decíamos la casa de las cuatitas. En total eran 9 hermanos: 3 hombres y 6 mujeres.

Y practicando toda la vida la charrería, la mamá era una enfermera experta, así que además de ir a su despensa, también corríamos a que me curara con su botiquín. Caídas de bici o patineta, chipotes, descalabradas, piquetes, mordidas, cortadas, machucones. Después de cualquier accidente, lo más lógico que siguiera escuchar era: "¡Vamos con las cuatitas!", y aunque llegáramos completamente magullados, con la curación, un plato de frijoles charros y los apapachos de las cuatitas, uno salía de ahí curado de cuerpo y alma. Es más, no sé si alguna vez me accidenté con toda intención. Algo muy raro en cualquier parte menos en la 8 de Septiembre, era ver practicar florear la reata a los charros. Se ponían a media calle en la tarde y pasaban horas y horas practicando. Mientras yo andaba en la bici y pasaba por ahí un día escuché que me gritaron: "Juan Diego, ¿por qué no nos haces unas pasadas para practicar las manganas"? -"y eso qué es?" les pregunté. --"Nada, tu nada más tienes que pasar corriendo por aquí y yo te voy a lazar". - ¡Ahh pues va! Y ahí va Juan Diego, de acomedido a subir y bajar corriendo para que me lazaran. Después de algunas veces ya me había cansado y pasaba muy despacio y la solución más lógica fue pasar en la bici. Y ahí va Juan Diego, a subir y bajar en la bici para que me lazaran. Cuando les dije que era la última porque ya me había cansado, uno de ellos se puso a florear mientras yo subía en mi bici, de bajada pasé lo más rápido que pude y vi cómo la reata entró exactamente en mi llanta de adelante, el charro dejó correr un poco y en el momento adecuado, tiró con todas sus fuerzas para completar el entrenamiento con una mangana perfecta. Mi bici se detuvo en seco y yo salí volando dos metros para caer de cara y hombros sobre el pavimento. Todo raspado y ensangrentado solo recuerdo haber despertado en el estudio de las cuatitas mientras me curaban y trataban de consolarme... ¡Pinches charros!

Algunos años después empezó el tiempo de las serenatas en la casa de las cuatitas. Nos asomábamos por el balcón de mi mamá a media noche para ver y escuchar a los mariachis y al novio vestido de charro montado en su caballo. Luego fueron las bodas. Desde temprano empezaba el movimiento en la calle. Mientras adentro de la casa las mujeres se arreglaban y vestían a la novia, afuera iban y venían remolques y camionetas, bajaban caballos y los ensillaban, cada vez más. Después un remolque especial y dos caballos percherones eran enganchados a la carroza de la novia. Todo estaba listo, salía la novia con su traje blanco acompañada de su papá en el más elegante traje negro. Y arriba de la carroza, tirada por los percherones partían hacia la iglesia seguidos por una carabana de 30 o 40 charros. Ver todo aquello generaba en mí grandes emociones. Andar entre los caballos, el ir y venir de gente llevando y trayendo cosas y al final, ver partir a una de las hermanas que muchas veces me habían cuidado.

Esa fue la 8 de Septiembre en mi infancia. Diversión, seguridad, aire libre. Con el tiempo se llenó de carros y al igual que la casa de "Pollo", muchas otras cambiaron de habitantes, sin futbolito, sin caballos, sin niños. Ahora, cuando voy a la casa de mis papás, a veces hago el recorrido que hacía entonces en mi bici. El aire es el mismo, la libertad ahí está. Incluso el hueco en la calle donde mejor se detenía el balón sigue ahí. Y los recuerdos, risas y emociones siguen también aquí, en mí. Gracias a la vida por mi infancia, un tesoro sin igual.

Los filtros viejos.

Poco a poco los límites de la diversión y del mundo a explorar se fueron expandiendo. A medida que los terrenos alrededor de mi casa se fueron bardeando y construyendo, los intereses y los caminos se hicieron más amplios. Las veredas que antes recorrí en compañía de mis padres y hermanos se volvieron un escape para disfrutar de vez en cuando la soledad. Los fines de semana me despertaba antes que el sol, manejaba hasta la ex hacienda del campestre y aún oscuro, empezaba a caminar. Al salir del carro, se podía sentir la paz y la tranquilidad. El sonido del río corriendo, el viento frío de invierno en la cara, el olor de la tierra y las plantas humedecidas por el rocío, ahora sí podía respirar.

Al empezar la ruta de los filtros viejos hay una línea donde el pavimento termina y empieza la vereda, siguiendo el cauce del río, va avanzando primero muy plano, más adelante, la cañada se hace más pronunciada y el río se va quedando abajo mientras el camino te lleva hacia arriba, pero el sonido aún se puede escuchar. A medida que avanzas, antes de que se empiece a iluminar el día, te guías únicamente por lo poco que puede reflejar la luna. Llega un momento en que el camino da una vuelta pronunciada hacia la izquierda y aunque no se puede ver, por el sonido de la caída del agua, sabes que la cascada está ahí. Si el flujo es suficiente, se siente la brisa refrescando tu cara. Suficiente calentamiento, es momento de trotar aunque empiece también a hacerse más pesada la subida. El camino se empieza a iluminar y al acelerar el paso se acelera también la respiración: in - in, ex - ex. Se sincronizan a un punto los pasos con la respiración y sin mucho pensar tus pies encuentran el apoyo perfecto entre piedras, tierra, orificios y charcos. Sigues subiendo y a cada paso tu cabeza se vacía, estás ahí y eres parte de todo. No tienes que pensar, no tienes que responder ni esforzarte por ser bueno o suficiente, estar ahí te hace ser, formas parte del paisaje que recorres y te vuelves uno con el camino. Tu cuerpo empieza a sentir el esfuerzo y poco a poco comienzas a sudar. Como si la cañada lo adivinara, te da un descanso y vuelve a hacerse llano el camino, dando tiempo para que tu respiración y pulsaciones recuperen su ritmo habitual. Sigues corriendo sin preocupaciones, sin pensar, sin cansancio. Tu cuerpo quiere estar ahí y responde sin reclamar. La vereda regresa de nuevo al cauce del río y ese sonido te invita a continuar. Continuar corriendo, continuar fluyendo, continuar vaciando tu mente, continuar respirando... continuar. Atraviesas el puente del antiguo acueducto de la ex hacienda y es momento de despedirse del río. El camino cambia de dirección y regresa la pendiente, también el terreno cambió, ahora es completamente rocoso y es momento de exigir. Sientes la tensión en tus piernas, en tu abdomen, en los brazos, en todo el cuerpo. Ahora ya hay mucha luz y el sol te da de lleno entre sombra y sombra, una combinación de calor y frío que te recorre a cada cambio.

Sigues subiendo… Hasta el punto que ya conoces, puedes descansar, recuperar el aire, ya estás ahí. Cuando volteas tu cuerpo hacia el camino por el que venías, ahí están en medio de los dos cerros, que forman la cañada: las dos torres de catedral dándole los buenos días al sol. Podrías seguir subiendo, pero ya no importa. Lo que habías ido a buscar ya lo encontraste. Lo que habías ido a entregar ya se quedó en el camino. Con la mente vacía y el corazón lleno, es momento de regresar.

Ahora sigo yendo a los "filtros…" Algunas cosas han cambiado. El día que me encontré la primera retroexcavadora lloré mientras subía. Quizás ya no corro todo el camino. Después del sonido de los carros, aún se puede escuchar el río, aún se puede vaciar la mente, sincronizar la respiración con el andar, ser parte del paisaje que recorres y volver para continuar.

También hubo escuela.

Mi educación escolar fue cien por ciento tradicional. Empezó con 3 años de kinder con Sor Rosita, la chiquita. Si algo trato de sentir al recordar es vergüenza. Me sentía ridículo de ir disfrazado a los festivales. Hubo un festival de Navidad en especial. Supongo que mi mamá se esforzó por hacer o destinar dinero al trajecito que las monjas pidieron: un vestido azul claro brillante con un listoncito dorado en todas las orillas. ¡Horrible! Desde que lo extendió muy orgullosa en mi cama, yo no me lo quería poner. Más a fuerzas que de ganas bajé a desayunar con el. Aquel Juan Diego, güerito con peinado de príncipe valiente con su vestido azul clarito brillante entró a la cocina y dos tipos de expresiones hubo. "¡Qué precioso te ves!", dijo mi mamá; y mis tres hermanos mayores le siguieron: "¡Ay sí te ves divino!", "¡qué bonito con tu vestidito!", "jajajajajajaja". Adiós vestido y adiós desayuno. Estaba decidido, ni aunque se me apareciera la Virgen María iba a pararme frente a todos en ese atuendo.

Mi papá fue a llevar a mis hermanos a la primaria una hora antes y prometió llegar a tiempo para verme en mi festival. Mi mamá de alguna forma logró subirme al carro y llevarme agazapado en algún rincón del asiento. Cuando entramos al kinder, todo estaba igual pero diferente. El patio se había llenado de sillas con papás y abuelos que iban a verme y reirse de mi vestido de angelito. Agarrado de la mano y con los pies y pompas trapeando el suelo, mi mamá me llevó con la maestra. "!Cómo no vas a salir Juan Diego, con todo lo que gasté!" Entre las dos trataron de convencerme y vestirme a la fuerza, ahí sí todas las miradas las sentí hacia mí. Si hubiera sido hoy, mi expresión hubiera sido: " Me vale madre y háganle como quieran, yo no me pongo esa chingadera". Pero lo único que podía hacer era apretar todo mi cuerpo, dejarme caer al piso y respirar lo más recio que podía. Ya era la hora de empezar y para colmo de males, mi papá seguía sin aparecer. Llegaron también las Sor Rositas: la chiquita y la grandota. Y entre todas me mal pusieron el disfraz de la vergüenza y me llevaban hacia el estrado. En algún movimiento que hice pude ver en la puerta que mi papá estaba entrando. Saqué fuerzas de mi estómago vacío para soltarme y corrí hacia él lo más rápido que pude. Llorando, a moco tendido, me abracé con todas mis fuerzas a su pierna, de ahí nadie me podría soltar. Se agachó, me abrazó: "si no quieres, no tienes que salir". Me cargó y me llevó abrazado a donde estaban esperando mi madre y las maestras. Y escuché lo que más quería: "Juan Diego, no va a salir". Sentí ahora la mirada de reproche de mi madre y las palabras de las maestras y directora, pero ya nada importaba. Ahí en esos brazos, en su presencia, yo estaba seguro. Nadie me podía obligar a bailar o cantar.

Hoy soy consciente de dos cosas que pasaron ese día: primero, me empecé a sentir chistoso y ridículo de pararme frente a un público; segundo, le entregué a mi padre mi seguridad. Muchos años me costó sentirme seguro y protegido en su ausencia. Hoy sé que no necesito de nadie que cuide a ese pequeño Juan Diego. En mis brazos y en mi presencia, yo estoy seguro.

Los siguientes seis años escolares los viví en el colegio marista de Morelia. Con la emoción de entrar a la primaria y más aún a la que habían estado mis hermanos mayores, recuerdo haber ido con mis papás a recoger mis diez kilos de libros y útiles escolares. Siempre me ha llamado la atención pensar en el espacio de tiempo entre mis hermanos varones y yo. Lo relaciono con la primaria: cuando ingresé a primero, Joaquín y Pablo ya estaban en secundaria y Felipe aún no nacía, así que cuando yo salí, a él le faltaban uno o dos años para entrar.

Los primeros años estuvieron enmarcados por dos cosas principalmente: levantarme muy temprano para que mi papá me llevara antes de las 7am que entraban mis hermanos a la secundaria y el nacimiento de mis hermanos pequeños. Mis clases empezaban a las 8, así que, siempre fui de los primeros en llegar y después de abrir el salón brincándome por la ventana de atrás, me quedaba libre prácticamente una hora de recreo: trompos, yoyos, canicas, estampitas, tazos salían de mi mochila para pasar un buen rato mientras llegaban mis compañeros y podíamos jugar algo entre todos: policías y ladrones, quemados, encantados, chollitas, fútbol... cualquier cosa que nos hiciera estar completamente sudados al hacer filas a las 8 en punto. En ese tiempo también me volví justiciero y peleonero, supongo que era mi enojo por la atención que perdía en casa con el nacimiento de cada uno de mis 3 hermanos pequeños, el caso es que ante la menor provocación de alguno de mis compañeros, yo respondía a golpes. Si alguien le robaba canicas a otro, trancazos; si les quitaban el balón, patadas; si estaba molestando a otro, llaves de luchador. Todo era un buen pretexto para dejar la camisa del uniforme llena de tierra y manchada de sangre. El primer recreo oficial era a las 9:40 am y el segundo a las 11:40 porque, según las maestras, las vejigas de los niños tenían el tamaño adecuado para aguantar dos horas sin vaciarse. Así que los permisos para ir a hacer pipí durante clases, no existían. A menos, claro que fueras el consentido de la maestra, como siempre recuerdo haberlo sido. La de segundo en particular, María Luisa, que un tiempo fue novia de Hilario, el maestro de sexto, y a falta de whatsapp, Juan Diego era el que llevaba y traía los mensajitos de amor escritos en pedazos de papel. Esas salidas daban una libertad especial, porque la escuela estaba completamente sola para ir y venir a donde fuera. Don Marcelino, ya sabía que yo tenía permiso de pasar al patio grande donde estaban los niños de tercero a sexto y me abría la reja al verme aparecer por el pasillo. Ahí el paraíso de los grandes se abría para mí: las jardineras, la cancha de fut, los árboles, la tiendita; ¡La tiendita sin filas! Después de dejar el recadito y mientras esperaba la respuesta, podía irme primero a hacer pipí aunque no hubieran pasado 2 horas y después a comprar algo con la moneda de 100 pesos de Venustiano Carranza que a veces me daba mi papá. Me podía alcanzar para una dona de chocolate o una torta de frijoles, una paleta de pollo o unas canelitas. Y así entre recado y recado, tenía tiempo para disfrutar el aire libre de mi escuela en completa soledad y hacerme amigo de los intendentes, secretarias y quienes vendían en la tiendita. Amistades que en muchas ocasiones me sirvieron para obtener ventajas: no hacer filas, abrir puertas a lugares normalmente no permitidos o comerme una o dos galletas en el salón de maestros. Así conocí la casa de los maristas y la alberca, vacía desde que el niño de la leyenda se ahogó. A veces también pasaba por la capilla y me quedaba ahí viendo y tratando de entender cosas que a veces todavía trato de comprender. Ser amigo de Don Félix y don Marcelino, también me ayudó a no tener que brincarme tanto en las mañanas para abrir mi salón. O como aquella tarde después del club deportivo que a mi mamá se le olvidó pasar por mí y me quedé platicando con ellos hasta que se hizo oscuro y mi mamá se acordó que alguien le faltaba. La hora de la salida también fue siempre especial. Se abrían todas las puertas del colegio y por cualquiera te podías simplemente ir. A mí me gustaba la del patio chico porque ahí estaba la doña de los churros y el viejito de las paletas, que como sabían que era hermano de Joaquín (mi hermano mayor que es enanito y a nadie se le olvida), me fiaban todas las veces que quería. Con mi bolsa de churros con salsa, limón y sal, me iba a la esquina a esperar a mi mamá que pasaba por mí después de mis hermanas. Cuando yo estaba en quinto, Carlos mi primo entró también al Valladolid y la hora de la salida se hizo más divertida. Nuestras mamás hicieron ronda con otra señora y después de que le hicimos "muchas groserías" ya no quiso llevarnos. Vino entonces el mejor castigo del mundo: regresarnos a pie. Y más todavía cuando nos dimos cuenta que el colegio de las niñas no estaba tan lejos. Diez minutos caminando y llegábamos a ver a las niñas que en el kinder habían sido mis compañeras y que ahora ya no se veían tan feas. Después de sentirnos grandes, escondidos detrás de un carro para verlas pasar sin decirles ni hola, podíamos regresar caminando. Era media hora de plática diversión y risas. El Instituto Valladolid Primaria, con sus Confiad, recurrid, todo a Jesús por María, el Angelus... Aprendí de memoria las tablas de multiplicar, a creer en un cielo si era suficientemente bueno. Hoy sé que agacharme para verle los calzones a la maestra no me destinaban a arder una vida eterna en el infierno. La alegría de estar ahí rodeado de niños y encontrar espacios para estar conmigo mismo, eran ya el cielo que querían enseñarme a alcanzar.

La secundaria fue una etapa de sueño en el Instituto Vasco de Quiroga, escuela a cargo de la diócesis de Morelia y que, unos años antes, fuera parte del seminario menor. Reconocida por la estricta disciplina y alto nivel académico. Para muchos de mis amigos fue como estar en un reclusorio durante 3 años, pero para mí fue simple diversión y descubrimiento. En realidad, lo académico nunca me costó trabajo, así que poner atención y repasar un poco era suficiente para tener buenas calificaciones y me dejaba tiempo libre para echar relajo con mis amigos y en ratos echar novia en los recesos. Recuerdo haber escuchado alguna vez a Maru, mi asesora: "Te tenían amarrado..." y es que después de pasar toda la primaria en una escuela de puros hombres, convivir con niñas sí era algo nuevo y fascinante. Además de descubrir que había algo en mí que las atraía, siempre me creí el "eres increíble, vales mil, nunca cambies". Y con esa confianza de creerme guapo y buena onda, me divertía dando abrazos y pasando el receso de manita sudada. Un día estábamos jugando todos los hombres en el salón y las mujeres platicando, viéndonos y riéndose de nosotros en una esquina. Decidimos hacer dos filas y agarrarnos de las manos para que uno brincara desde la plataforma que le daba más elevación al profesor. Lo recibíamos acostado entre los brazos de todos lo de las filas para aventarlo y volverlo a recibir. De pronto nos cambiamos y por pura casualidad quedamos formados de grande a chico: los más altos y fuertes donde quedarían los pies y los más chaparros en el lugar de la cabeza. Dago era el siguiente que, además quería impresionar a una de las niñas y hablando fuerte y haciéndose notar, brincó y todos lo recibimos. "Denle fuerte cabrones" nos gritó, y todos tomamos impulso contando en voz alta: "una, dos,..." Al llegar a tres lo lanzamos con todas las fuerzas hacia arriba, pero la diferencia de tamaños y fuerzas de la fila, hizo que los pies salieran con mucha más velocidad y la cabeza se quedara casi en el mismo lugar. Trazando un arco perfecto con los pies, el cuerpo de Dago se elevó en el aire hasta que estuvo verticalmente con los pies arriba y la cabeza abajo. Sin poder hacer nada, solo lo observamos caer de cabeza al piso y empezar a revolcarse del dolor. "No mames, no mames, no mames", era todo lo que podíamos decir. Una de las niñas se fue corriendo a pedir ayuda y alguien más gritó: "¡Abran la ventana para que pueda respirar!" y allá va Juan Diego a abrirla. Pero la ventana estaba atorada, así que, para poder abrirla, puse mis manos sobre el cristal y empujando hacia afuera, traté de recorrerla hacia la derecha para que se deslizara sobre su riel. El vidrio no soportó la fuerza y se resquebrajó cayendo en pedazos sobre mis muñecas. Ahí estábamos: Dago tendido en el suelo y revolcándose de dolor y yo con las manos ensangrentadas. "¡Se cortó las venas!", gritó llorando mi novia en curso. Con un aplomo impresionante llegó Lolita y se hizo dueña de la situación: "Galo: agarra de aquí el brazo de Juan Diego y levántalo, apretando". "Dago, deja de chillar y revolcarte". Ustedes, cárguenlo y vámonos al salón de maestros. No sé cómo quedó el ambiente en el salón, solo recuerdo estar con Dago, riéndonos de lo que había pasado mientras nos curaban. Doce años de compartir aventuras como ésa con él, nos hicieron buenos amigos, aunque a veces no nos quisiéramos tanto. Yo salí ese día con mis vendoletas y la mano vendada, abrazado de un Dago con collarín para dejarnos consentir y poner cara de adoloridos con las niñas que también pretendían estar preocupadas.

Disciplina y más disciplina podría haber sido el lema de la Vasco en lugar de "Educar para la vida". Entre márgenes de un color y texto de otro, zapatos perfectamente boleados, entrega del talón de la circular firmado y un sin fin de manifestaciones externas del orden que pretendían sembrar en nuestras vidas, aprendí algo que nunca olvidaré de mi mamá: "A todos nos gusta que nos hagan la barba". Así que no era extraño para nadie que cuando iba a ser semana de exámenes o fuera cumpleaños de algún maestro, yo me bajara de mi carro con un pastel de natas o una gelatina tricolor hechos por mi mamá para todos los maestros. Y otra vez Juan Diego volvió a ser el consentido. Como parte de esa disciplina, cada año preparábamos el festival gimnástico. Hubo varias opciones para elegir: ciclismo acrobático; paralelas, en donde hacían pirámides humanas; tablas gimnásticas, pelotón y el más temerario de todos: tumbling. Consistía en hacer brincos y marometas un poco adornadas con los obstáculos que había que vencer. Sin duda de las mejores sensaciones del festival era ser el siguiente en la fila para pasar a hacer el mortal sobre el fuego. El tiempo detenido junto con la respiración de todos los asistentes. En una esquina del patio empezaba la carrera y paso a paso, concentrado en el último paso para rebotar lo más alto posible en el trampolín, al brincar y girar sobre las llamas era como si alguien pusiera play y se escuchaba un "¡Ahhhhhh!", de todas las niñas que, asustadas o no, llenaban mi ego a su máximo nivel. En una ocasión, en un entrenamiento previo al festival, nos citaron en sábado. Yo tenía algo de tos y también me había salido sangre de la nariz la noche anterior. Pasamos toda la mañana haciendo brincos, mortales, resortes. Alguien en la fila escupió antes de un brinco y el siguiente lo imitó. Antes de arrancar, cada quien entonces tenía que escupir en señal de valor, en el charco del poder. Después de dos o tres vueltas, aquello era un verdadero charco del poder. Nos dimos cuenta que había una relación directa entre la calidad del gargajo y la buena ejecución del salto, así que, en mi siguiente turno, me esforcé al máximo en mi contribución a la flema colectiva. Al escupir, justo en el centro del charco, después de mis síntomas de la noche anterior, apareció una flema ensangrentada que superó cualquier expectativa, justo antes de un salto mortal doble perfectamente bien ejecutado. Fue mi último salto ese año. Cuando el profe vio el escupitajo, por poco se vomita y me mandó por algo para taparlo. En el camino al baño, me tropecé en un escalón y me fracturé el pie. Ya no podría entrenar, pero tampoco me podía ir, así que, entre muletas y pasteles, se me abrieron las puertas de la escuela para ir a ver los entrenamientos de quien yo quisiera... y por supuesto gimnasia artística era la mejor opción. Qué importaba que 5 exnovias y mi novia actual estuvieran ahí, mejor aún, para contarles cómo en mi doble mortal me había roto el pie al caer.

Grandes amistades conservo aún de esa etapa. La pureza de los sentimientos y emociones, la franqueza de la expresión, hacen de esas relaciones algo atemporal. Gracias Vasco de Quiroga, por educarme para la vida, por hacer del mío un corazón recio, pero principalmente por las risas y abrazos sinceros que todavía hoy recibo de mis amigos.

Despedirme de mis amigos y regresar al Valladolid, fue un verdadero luto. Es verdad que muchos de mis compañeros de prepa habían estado conmigo 6 años de primaria, pero duranto esos 3 años, muchas cosas habían cambiado en mí y nunca pude pertenecer de nuevo. La ropa de marca, los lentes de sol, el corte de pelo de estilista, simplemente no eran lo mío. Mucho menos las salidas los fines de semana a fumar y tomar alcohol. El primer día de clase sentí esa diferencia en mí y, al elegir el lugar en mi salón, no quise sentarme atrás en el grupito de amigos para echar relajo. Me senté adelante, para estar tranquilo. Con la mano derecha sosteniendo mi barbilla, viendo hacia el patio me ausenté pensando cómo estarían mis amigos de secundaria. A quién le habría tocado en el mismo salón. Y en ese momento sucedió algo que nunca esperé: una sombra atravesó la luz que entraba por la puerta hacia la que yo miraba. Mi atención regresó en ese instante al 4° A del Instituto Valladolid Preparatoria, a las 7:15 de la mañana. Cabello ondulado oscuro hasta abajo de los hombros, pantalón levi's ajustado, ¡WOWW!, camisa blanca fajada por dentro del pantalón, ¡Doble Woww!, ojos grandes café oscuro, el labio inferior carnoso y abultado dibujando una gran sonrisa, maquillaje discreto, simplemente para resaltar lo ya hermoso por naturaleza. "Hola" -me dijo- "Hay alguien aquí?". Tratando de despertar de mi segundo sueño del día, solo pude responder: "¿Mande?". Riéndose como un ángel, acomodó sus cosas en el pupitre a mi lado y se sentó. "¿Soy Nayeli, de qué secundaria vienes?". En ese momento simplemente lo supe: era la mujer de mi vida, algún día sería mi novia, algún día sería mi esposa, algún día una gran mamá para mis hijos, algún día...

Ella también venía de otra escuela y en un luto similar al mío por despedirse y dejar atrás. Compartíamos la mayor parte del tiempo. En el salón continuamos sentados juntos desde el primer día. Los recesos se convertían en pláticas interminables donde el tiempo se expandía y se acortaba a la vez. La torta de frijoles fríos con una raja de chiles que mi mamá me preparaba todos los días a las seis de la mañana, sabía a torta de milanesa sentado ahí junto a ella, compartiendo una mordida cada quien. A veces me daba cuenta que alguien me había robado mi famosa torta antes de salir y nos comprábamos entonces, unos cacahuates japoneses bañados en salsa valentina y un frutsi de naranja. Al frutsi le hacíamos una pequeña mordida por la parte de abajo y entre cacahuate y sorbo el tiempo volvía a detenerse y volar.

"Solo somos amigos", fue la respuesta por más de dos años. Y era algo raro, aunque en una parte de mí sabía que era ella, no tenía problema en escucharla platicarme de sus

nuevos novios, justo en el tiempo en que Alejandro Sanz cantaba: "Él no te ve como yo suspirando, con los ojitos abiertos
de par en par, escucharte nombrarle, ay amiga mía lo sé y él
también". Simplemente sabía que ya era mía, aunque ella, aún
no lo supiera. Después de clases, el fútbol llenaba los huecos
que quedaban en mi vida. Ahí convivía con mis amigos de
primaria que desde muchos años antes entrenábamos juntos
en el club deportivo, allá donde mi mamá me dejó olvidado.
Y el fútbol en verdad me encantaba, me daba la libertad de
brincar, jugar y correr tras de un balón al aire libre, sin casi
nunca cansarme. El equipo del Valladolid, no fue suficiente
porque solo entrenábamos dos días y jugábamos uno por semana, así que busqué el independiente, para los domingos;
refuerzo para secundaria, los miércoles; Kiwis los sábados...
Y aunque era un equipo muy malo, ahí entrenaba Nayeli, un
día a la semana, así que por qué no aprovechar el pretexto
para estar con ella otras dos horas.

"Amiga mía, a ver si uno de estos días, por fin aprendo,
a hablar sin tener que dar tantos rodeos..."

Para las vacaciones de Diciembre de cuando íbamos en
tercero, ella se fue a un viaje a Cancún. Ahí los dos supimos
que ya era tiempo, era imposible estar el uno sin el otro. Así
que el 9 de Enero de 1998, invité a mis hermanos y al son
de "Hermoso Cariño", me convertí en su primera decisión
adulta. No hubo nada que decir. Ella salió en pijama con
una chamarra y el pelo recogido, abrió la reja y en un abrazo
y un beso nos fundimos el uno en el otro.

Ahora ella también lo sabía: nos pertenecíamos el uno al otro.

El fútbol y Nayeli marcaron esa etapa de mi vida. Ella, seguiría marcando más y más etapas. El fút, me abriría las puertas de la Universidad en Guadalajara.

¿Por qué tanto odio? 2.0

Así transcurrió buena parte de mi adolescencia, con Nayeli el mayor tiempo posible, jugando futbol y subiendo a los filtros viejos. Recibí mucho cariño y mucha aceptación y lo agradezco infinitamente. Sin embargo, hay algo que nunca he podido entender... ¿Por qué tanto odio? Lo que ya había vivido años antes con mi papá y Mela, lo empecé a ver reflejado nuevamente, pero ahora hacia Nayeli. En un principio, algunas veces pasábamos por ella a su casa para ir a la escuela o de regreso le dábamos "ride" cuando no podían ir por ella. Un día mi mamá se enojó mucho cuando la vió subirse al carro y cuando la dejamos en la esquina de su casa (a cinco minutos de la mía) me dijo: "No quiero que se vuelva a venir con nosotros".

_ ¿Por qué, qué hizo, qué dijo, qué tiene?.

_ ¡No quiero que se vuelva a venir!.

_ Va, pues entonces ya tampoco vayas por mí, muchas gracias, yo veo cómo me vengo.

Y así fue, a veces a pie, a veces de "ride", en camión, algunas veces solos, pero la mayoría regresábamos juntos a nuestras casas. Si su mamá o su hermano me llevaban y por algo coincidíamos con la llegada a comer de mi papá, ni siquiera un "buenas tardes" se escuchaba de su boca. Si estábamos sentados en la estancia platicando solos o con más personas, al verla se daba media vuelta y se salía o se iba a encerrar.

_ ¿Por qué tanto pinche odio? ¿Por qué no puedes querer a las personas que yo amo?

Una tarde que iba a ver a Nayeli, mi papá enojado me empezó a dar un sermón: "¿Por qué vas todas las tardes?, ¿qué tanto vas a verle?"

_ Lo que se deje. Me dí media vuelta, agarré mi bici y me fuí.

Los ocho años que duramos de novios, así fue mi relación con mis papás y Nayeli. No sé cómo resistió tanto mal trato y groserías. No sé cómo resistí yo.

Así que mis padres tuvieron tres razones para que me fuera a estudiar a Guadalajara a la UP: 1) La beca que un buen amigo me ayudó a conseguir: deportiva y académica; 2) Acompañar a Sofía, mi hermana; 3) Poner distancia de por medio entre Romeo y Julieta. No fuera siendo que me ganara el infierno si seguía con esa relación.

Hay cosas que no sé si entenderé

¿Por qué tanto odio?

¿Cómo puedes no mirar ni escuchar a alguien que ama y cuida a tu hijo?

Quizás fue mucho lo que tuve que callar.

Nayeli

Hoy, 4 de Diciembre del 2020, en un viaje por la selva maya para celebrar nuestro XV aniversario, me decido por fin a hacer esta entrevista a Nayeli. ¿Cómo me conociste?, ¿Qué era para ti?, ¿Cómo me recuerdas?,¿Cuándo me viste diferente?,¿Cómo pasó lo que tenía que pasar? Unas copas, a la orilla de la alberca bajo un cielo estrellado: el mejor marco para recordar y volver a vivir.

¡Cómo conocí a Juan Diego… shfffuuu! Me acuerdo que cuando entré a la prepa, iba con una gran incertidumbre porque iba sola, todos mis amigos y compañeros se habían ido a otra escuela. Me sentía sola, pero segura de mí misma. Pero cuando llegué y vi a tanta gente fue como… "y ahora por dónde". Recuerdo que te conocí a tí y a Lalo. Yo los veía que platicaban y se reían y un día se me acercaron por alguna sonsera, un chiste de una playera o algo así. Desde un principio me cayeron muy bien y los veía relajados en comparación con la mayoría. Desde ese momento empezamos a hacer amistad y como estábamos en el mismo grupo, todo el tiempo nos la pasábamos juntos. Con el tiempo hice amigos de otros grupitos, pero con ellos era como por pertenecer a un grupo social, y estar con ustedes era estar con MIS amigos. Siempre me caíste bien, eras un chavo muy alegre, sencillo, simpático, pero hasta ahí. Solo me caías bien.

Platicábamos mucho. Me encantaba que me hacías reír, eras muy simple, muy sencillo sin poses de nada.

Nuestra amistad fue creciendo y se fue fortaleciendo. Cada quien tenía sus novias y novios y nos platicábamos de eso. Me acuerdo que un día íbamos a hacer algo en la tarde y nos dijiste que pasáramos por ti a una hora en específico, muy puntuales porque ibas a terminar a tu novia. Llegamos afuera de su fraccionamiento y cuando nos viste la cortaste y te saliste. ¡Jajajaja!

Después nos empezamos a ver algunos días en las tardes para estudiar y hacer tareas. A lo mejor no tanto, pero yo recuerdo que tú siempre estabas presente, aunque yo saliera con otros grupos u otros chavos. Ahí estabas tú para escucharme y platicarte de mis amores. Te recuerdo siempre ahí en todo momento. En los recesos nos comíamos tus tortas de frijoles con una rebanada de queso, a veces. Tortas frías, apachurradas, al fondo de la mochila, con la bosa reutilizada quién sabe cuántas veces, o si comprábamos algo en la cafe siempre lo compartimos.

¡AMIGO! Siempre fuiste un buen amigo en quien podía confiar y platicarle, pero hasta ahí, no te veía con otros ojos. Pero eras mi mejor amigo. De hecho, fue por ti que decidí quedarme en esa escuela y no cambiarme, aunque mis papás ya me habían dado permiso de irme a donde estaban mis amigos. Pero me di cuenta que si regresaba con ellos, no iba a encontrar esa amistad que tenía frente a mí. Llenabas completamente mi necesidad de amistad. ¿Para qué buscar más amigos si sabía que ya había encontrado lo que en ese momento necesitaba?

Un día de reforestación en la prepa, hacía muchísimo calor. Yo estaba en el edificio de los salones y una chava llegó y dijo: "¡no manches, vengan a ver a Juan Diego!" y a mí, se me pararon los pelos de punta y fui corriendo a ver qué te tenían que andar viendo. Y te vi sin playera y te quería tapar. Ahí, con ese sentimiento de celos fue la primera vez que pensé que no solo era amistad. Fue padre darme cuenta del cariño que había y que estaba fundado en una gran amistad. Fue ahí en esa plantación de árboles, verte sin playera y sentir celos de que las demás te vieran.

Nuestra relación fue cambiando, no de manera tajante pero poco a poco te empecé a ver y a tratar diferente. Fue como ver la posibilidad de que hubiera algo más, pero sin dejar la amistad, ésa se siguió fortaleciendo, aunque ahora hubiera otro sentimiento. Cuando tú notaste mi cambio, también le empezaste a echar más ganitas: eras más atento, me llamabas más, me buscabas más, tenías detalles y salíamos juntos en las tardes. Algo que también ayudó fue que en mi familia todos te querían desde que te conocieron. Siempre fuiste bien recibido y eso a mí me hacía sentir muy bien.

Me acuerdo muy bien la primera vez que hubo una chispa entre nosotros. Estábamos estudiando en tu casa y fue simplemente un roce de tu mano con la mía y hubo como una descarga en mí, todo mi cuerpo se sacudió como un ¡ahhh! Nunca había sentido nada similar con algo tan sencillo. Después me llevaste a mi casa en el carro y los dos llevábamos las manos entre los dos asientos, de pronto como no queriendo tomaste la mía y yo me derretía por dentro. Al despedirte me diste un beso en la comisura del labio, fue... ¡Ahhh! Con esos simples gestos me hiciste sentir cosas que jamás nadie. A partir de ese día, cuando no podía verte en las tardes me sentía ansiosa o desesperada, me di cuenta de que no era solo amistad.

El día exacto que nos hicimos novios, fue el día que cumplí 18 años. Me llevaste serenata con mariachi, algo que se me hizo lo más increíble, además verte y escucharte cantar fue lo máximo. El calor se me subía y bajaba recorriendo todo mi cuerpo, no sabía qué hacer. Después bajé, abrí y me quedé en la reja simplemente contemplando. No sé con quién ibas ni qué canciones siquiera, nada importaba más que tú. Con la sonrisa de oreja a oreja supe que estaba enamorada de mi mejor amigo. Muy despacio te acercaste, me abrazaste y sin palabras me besaste. Ya no pude dormir, la adrenalina y la emoción en mi cuerpo me lo impidieron. El miedo que sentía de perder tu amistad si intentábamos algo más, había desaparecido. Sabía que precisamente esa amistad tan sana, tan pura, tan real, era lo que nos iba a hacer salir adelante. Porque nos conocíamos tal cual éramos. Ya podía sentirme segura.

(Cerrando los ojos y respirando profundo). ¡Ahijole! Creo que es de las cosas más difíciles que he vivido y al mismo tiempo de las que más orgullosa me siento.

Para mí desde un principio fue un impacto conocer a tu familia. ¡Cómo podían ser tantos! Subían y bajaban por todos lados, eran un alboroto. Pero me gustó mucho porque en mi casa éramos todo lo contrario, no había movimiento, así que eso nuevo, me llamó mucho la atención. Recuerdo que tus hermanos me trataban muy bien y me hacían reír. Pero por parte de tus papás nunca me sentí bienvenida ni aceptada. Tu mamá era muy distante, no había ningún trato, ni plática, ni nada. Por parte de tu papá siempre hubo rechazo. Nunca me habían hecho eso, de que yo llegara, se dieran la media vuelta y se fueran. La primera vez que lo hizo no lo podía creer, pensé que algo difícil le había pasado. Después me di cuenta de que la grosería era hacia mí, que no era aceptada y eso me hacía sentir muy mal. ¿Qué era lo que le hacía creer que no era digna de ti? ¿Qué pensaba de mí? ¿Qué tipo de persona era yo que no era digna de estar ahí, que no podía estar contigo? Pero ese mismo sentimiento, también me hizo decir: "Demuéstrales quien eres". Así que eso no me hizo alejarme, decidí que no me iba a alejar de ti. Pasó muchas veces. En ocasiones, desde que yo llegaba, simplemente me ignoraba o si yo lo saludaba, ni siquiera me respondía, solamente se volteaba. En una ocasión que lo hizo, tú te subiste con él y lo cuestionaste, lo enfrentaste y yo me quedé abajo con tu mamá. Cuando te escuché decirle lo que yo representaba para ti y que no tenía derecho a tratarme como lo estaba haciendo, me dí cuenta del lugar que tú me estabas dando en tu vida y decidí mantenerme ahí. Esas situaciones me hacían sentir mal, pero también fortalecieron el sentimiento de merecer estar contigo.

También tu mamá. Una tarde estuvimos estudiando en tu casa y al día siguiente en la escuela, tú llegaste y me dijiste que no podía volver a ir a tu casa porque tu mamá te dijo que qué hacía ahí metida toda la tarde. "¿No tiene papás que la cuiden?". En ese momento sentí muchísimo coraje, pensé: "váyanse mucho a la chingada, no tienen derecho a tratarme así. No me vuelvo a parar en su pinche casa ni a hacer nada por ganármelos. Si me quieren bien, bueno el que me interesa es su hijo, no ustedes". Fue como si me clavaran un puñal. De las cosas que más coraje me han dado.

—¿Por qué lo aguantaste?

—¡Porque quería estar contigo!

Trajes para la mente.

Me llama mucho la atención la manera en que los bebés pueden chuparse los dedos de los pies. Con mis hijos y sobrinos me divertía dándoles sus dedos gordos de chupón cuando empezaban a llorar y todavía no estaba preparada la mamá para darles de comer. ¡Qué manera de flexionar su cuerpo! Recuerdo que yo antes podía comerme las uñas de los pies, o con un poco más de esfuerzo, pasar los talones por detrás de la cabeza. Hoy, si me atrevo a intentarlo, un calambre desde la nalga hasta el talón es lo menos que puedo esperar.

Después de mi cirugía, me he dado cuenta de que en la misma medida en que fui perdiendo la elasticidad de mi cuerpo, fui perdiendo también la elasticidad de mis pensamientos y creencias. Empecé creyendo perder mi brillo con el nacimiento de mis hermanos menores. Más adelante, mis neuronas hicieron una conexión entre disfrutar la vida o pasarla bien, con hacer enojar a mi papá. Esa pregunta que siempre me persiguió: ¿De verdad me voy a ir al infierno por hacer algo que todos mis sentidos me piden hacer? De esta forma se fueron formando las aristas del cubo de mi mente. En la universidad, entre cálculo integral y filosofía del pensamiento, fue prácticamente imposible para mi mente tocar siquiera las puntas de mis pies sin doblar las rodillas de mis neuronas. Yo tenía la razón: 2 más 2 es igual a 4 y el cielo se gana con sacrificio y esfuerzo en la vida. Esa es la verdad, creía, "manque me carguen los pingos".

Pues los pingos vinieron y por poco me cargan los cabrones. Estuve acostado en la plancha y entregué mi vida a Dios. "Si aquí termina mi vida, GRACIAS señor, fue increíble vivir. Pero NO quiero que aquí se termine, ¡YO QUIERO VIVIR! Quiero ver crecer a mis hijos, quiero que tengan papá, quiero ver más amaneceres, quiero hacer el amor, quiero abrazar, reírme, llorar, quiero cansarme, aprender y desaprender. Despertarme temprano a exprimir el día, sentir el agua fría, quiero comer... Estando ahí acostado no me sentí mal de haberle visto los calzones a mi maestra, nunca pensé: "qué pendejo, te debiste haber esperado hasta casarte", qué importaba si 2 + 2 era igual a cuatro o cinco, ¡eso valía madres! No pedí vivir para hacer más o para tener más, ni siquiera para viajar o irme de fiesta... solo amar y sentir.

Con el tiempo conocí la Respiración Transformacional. Aun no entiendo cómo un ingeniero electromecánico de la Universidad Panamericana, puede creer en frecuencias vibratorias e integración emocional. Cómo es posible que tenga guardados mi título de licenciatura y maestría para poner en mi muro mis certificados de facilitador, coach y group leader. Hay cosas que mi razón no entiende, pero que mi ser brinca de alegría por permitirme hacerlo. "Hay algo más en las carreras que solo ganar", dice McQueen. "Hay algo más en la vida que solo ganarse el cielo", digo yo.

1. Traje de luto

Hace uno o dos años me dí cuenta de algo: mi padre ya no es tan joven y, al igual que todos, cualquier día se puede morir. Si mi padre se muere, pensé, no tengo ropa adecuada para su velorio. Me imaginé a mis tíos y primos en un traje negro impecable y yo, con un pantalón de vestir y un suéter de lana oscuro. Decidí estar más presentable para despedir a mi padre cuando la ocasión llegara. Me fui a una buena tienda y me gasté un mes de sueldo en un traje digno para acompañar a Don Juan Diego en su último adiós. Tres o cuatro meses después le diagnosticaron cáncer de próstata con posible metástasis en pulmones, huesos y otros órganos. "Lo sabía, pronto va a salir de su caja mi traje", pensé. En una decisión que me sorprendió y me llenó de orgullo, Don Juan Diego optó por un tratamiento alternativo, siguiendo sus protocolos 100% al pie de la letra, supera las expectativas de vida que le daban los doctores. Aparece el Covid-19 en el mundo y con un sistema inmune que yo suponía debilitado, mi traje siguió guardado. Se acabaron los 12 meses sin intereses y yo aún seguía sin estrenarlo.

Algunos meses después, mi hermano menor me platicó que se casaba en dos o tres semanas. El mayor reto era darle la noticia a mi papá. Sermón seguro, un cagadón le iban a poner. Ya suponía yo la sentencia: "Te confiesas y te casas por la iglesia". Yo no podía creer cuando mi hermano me contó lo que sucedió. Mi padre le dijo: "¿Estás seguro de lo que vas a hacer?, ¿por qué no tienes a tu hijo y si quieres, vive con ella o cásate por el civil, espérate para casarte a la iglesia". ¡What! ¡O sea qué pedo! Eso no lo podía haber dicho Don Juan Diego... Y así fue. En una pequeña celebración, se llevó a cabo la boda civil de mi hermano.

Yo fui vestido con un traje negro impecable para decir adiós en silencio a las creencias que yo tenía sobre mi padre. Ese día tomé una o dos copas nada más. Y aunque había circunstancias que ponían tensión a la ceremonia, yo decidí que desde ese momento tenía un traje de fiesta puesto y era para celebrar la vida, para cantar, bailar, brincar, abrazar, reír, llorar. ¿Para qué chingados había rogado por mi vida si no era para eso? ¿Para preocuparme? Yo estaba vivo, podía decidir y decidí ponerme mi traje de fiesta y completamente sobrio, celebrar la vida.

2. Kakauyaris Paganos

Con el mundo de cabeza por la pandemia del Covid, la vida me puso enfrente, y con tapete rojo, tres diferentes viajes en menos de un mes: La Paz y los Cabos, con mis hijos, esposa y un sobrino; Chetumal, en viaje de pareja y La saladita, una playa cerca de Ixtapa, con toda mi familia paterna para festejar el cumpleaños 70 de mi mamá.

El primer y mayor reto: darme permiso a mí mismo de disfrutar lo que la vida me ponía enfrente. ¡Mis propios pensamientos eran mi mayor problema para disfrutar de esa vida por la que había rogado! Y por supuesto, reforzados por las opiniones de los demás: "¿Y la pandemia?", "¿Eres rico?", "¡No tienes llenadera!", "¡Solo disfrutas de los privilegios de mi trabajo!", "Quién fuera Juan Diego junior para tener poco trabajo", y un sinfín de opiniones más.

En Chetumal, con mi esposa, llegamos a un hotel espectacular. La combinación perfecta entre mi espíritu explorador y aventurero y su alma relajada y chiqueada. Un hotel en medio de la selva, sin ninguna otra ocupación que disfrutar de la naturaleza y de la persona que tienes enfrente. Una construcción central, le da abrigo al lobby, alberca y restaurante. Y regados de manera independiente, dentro de la selva, las cabañas privadas te arrullan en un abrazo con todo lo necesario para olvidarte de las preocupaciones en que a los humanos nos gusta ganarnos la vida. Son expertos en consentirte. Durante tu estancia, tienes programada una expedición diaria: visita en bici de montaña a una ciudad maya, remada nocturna al hábitat natural de cocodrilos y monos araña, kayakeada a las aguas turquesas de Bacalar... paseos de gringo, les digo yo. A la hora en punto indicada, te subes a la camioneta que te llevará a tu aventura con un coctail en la mano y todo el equipo cargado ya en un remolque adicional. Con aire acondicionado te llevan a tu destino durante 30 o 40 minutos. Al bajar, mientras admiras la belleza real del lugar, te indican en dónde se encuentra el baño y te ofrecen otra bebida, mientras tu kayak, remo, chaleco y asiento se ponen a punto para esperarte. Muy diferente todo para mí, un pensamiento más que derribar. En ese momento, por alguna razón vinieron a mi mente los kakauyaris de los que escuché por primera vez en Amatlán de Quetzalcóatl. Aluxes, les dicen en Chetumal. Esas criaturas míticas que cuidan de alguna manera el espíritu de un lugar y que, sin su permiso para entrar, cualquier accidente, travesura o desgracia te puede pasar. En silencio, me aparto del grupo y de mi esposa. Me acerco despacio a la orilla de la laguna de Bacalar y decido ponerme mi traje de pagano (según escuché decir a mi padre alguna vez), para pedirles permiso a esos kakauyaris que me permitieran sentir en esas aguas mi unidad con Dios, sentirme parte del todo, sentir a Dios en mí. En un acto de completa devoción, observo el agua cristalina y en cuclillas, puedo ver que se acercan algunos peces mientras toco la superficie. A partir de ese momento, se convirtió en un viaje espiritual más que en una aventura de explorador. Todos mis sentidos se agudizaron. Podía ver todos los tonos esmeraldas de la laguna fundirse con el azul del cielo mientras algunas nubes se reflejaban en el espejo de la quietud de la laguna. Por un momento, dejé mi remo sobre mis piernas y cerrando los ojos, sumergí las palmas de mis manos en el agua, tal cual Máximus Decimus Meridius hace al entrar al Elysium, sintiendo la frescura y suavidad acariciando mi piel y en forma de escalofrío, recorrer todo mi cuerpo. Al abrir los ojos, la silueta de mi esposa frente a mí, remando. De nuevo tomo mi remo para seguir avanzando a donde la vida me lleve, con los ojos cerrados. En mi rostro siento el viento y la brisa; en mis párpados, la luz del sol. Inhalo y exhalo, todo el ambiente está ahora dentro de mí, en mis pulmones, en mi sangre, en cada célula. Mientras el remo entra al frente y se desliza hacia atrás, es muy fácil avanzar sin esfuerzo, contemplando solamente los manglares alrededor. Inhalo, remo izquierdo; exhalo, remo derecho. Todo es sincronía sin razonar. Mientras el kayak avanza, el agua corre por debajo, llevando un sonido de fluidez a mis oídos: izquierda, derecha, el aire al entrar a mi cuerpo también se escucha. Aves, viento, tranquilidad, paz, no hay más. En determinado punto, entre murmullos, escucho que es momento de dejar los kayaks para caminar en la laguna entre los manglares.

¡No puedo sentir más la vida!

Toda la frescura del agua recorre mi cuerpo y lo hace contraerse de frío, sumerjo también la cabeza para remojar mi cabello. En ese momento, soy consciente de las plantas de mis pies: tocan un fango suave, arenoso, aguado, que de alguna forma se mezcla con el agua y se une también a mí. Avanzo caminando despacio y cada paso desprende un olor perfumado a azufre, no me molesta: ¡puedo oler! Decido acostarme sobre el agua y flotar, conectar mi respiración, sin pausas, fluidez, profundidad, ahora inhalo y exhalo por mi boca, ¡puedo saborear! Dios me abraza con todos mis sentidos: quiero llorar, reír, ¡gritar! ¡En verdad soy el hijo consentido de Dios y estoy VIVO! ¡GRACIAS! ¡Gracias Dios! ¡Gracias Kakauyaris! ¡Gracias Juan Diego por permitirte tu traje de pagano y disfrutar la plenitud del paraíso en esta vida!

Amor de lejos.

El mundo se abría ante mí con la oportunidad que me daban la vida y mis padres para ir a estudiar a Guadalajara a una universidad de prestigio. Si bien es cierto que mi promedio, habilidad deportiva y cara de niño bueno ayudaron mucho para que la oportunidad se presentara, seguramente sin la ayuda económica de mis padres, difícilmente hubiera decidido tomarla. Es más, hoy me pregunto si mi deseo de irme a estudiar a otra ciudad hubiera sido lo bastante poderoso para seguirlo de no haber contado con ese soporte. Seguramente no. Algo que agradezco infinitamente.

Todo era nuevo para mí: vivir sin mis padres, ciudad desconocida, transporte público, casa de asistencia, comida con sazón diferente, presupuesto definido, escuela, amigos, jugar futbol por una beca, vivir lejos de Nayeli...

Para llegar a clase de 7 de la mañana, tenía que despertarme a las 5, esperar turno para bañarme con agua fría, cuidando no olvidar mi jabón si no quería encontrarlo todo puerco al día siguiente, bajar a hacerme mi desayuno 15 minutos antes de las 6, prepararme yo solo mi sándwich de frijoles fríos, salir caminando completamente a oscuras rumbo a la minerva a las 6:15 para tomar el 629A y dormirme media hora entre baches, topes y paradas para despertar sorpresivamente a unas cuadras antes de mi bajada.

La universidad me sorprendió por su tecnología: cada salón tenía su propio proyector de acetatos, un centro de cómputo con más de 100 equipos disponibles, conexión de red alámbrica en la cafetería y pasillos para los que tenían laptop... ¡Wow! ¡Primer mundo! Al salir de clases un poco antes de las 2 de la tarde, era tiempo de conseguir un raid para ir al entrenamiento de fut. Era un futbol de muy buen nivel, jugábamos contra reservas de chivas, atlas y tecos entre otros, por lo que entrenamos todos los días de 2 a 4. Saliendo de entrenar, de nuevo conseguir raid para llegar a comer recalentado a las 5 de la tarde. Hacer proyectos, estudiar, cenar y dormir. Muy pronto me dí cuenta de que mis planes de ir a Morelia cada 8 o 15 días no iban a ser posibles. Primero por el fut, luego por la escuela y por último, el dinero. Cualquiera de las 3 igual de complicadas de vencer. Así que tenía que encontrar la manera de seguir cerca de Nayeli a pesar de la distancia. Si estaba ahí era para poder estar con ella en un futuro. Por las noches tomaba su foto en un marco azul que ella me había regalado y que tenía colgada en la pared de mi litera dedicada así:

17 Jul 1998

Chaparro:

Nunca olvides que el amor siempre será más grande que la distancia y que pase lo que pase, siempre estaremos juntos. Siempre habrá algo que nos une.

Te amo

Tu changuita

Podría ver esa foto por horas, suspirar, reír, llorar y escribir... Si no podía ir a verla, no podía llamarle, solo me quedaba escribir, numerar las hojas, encontrarles cartero con algún paisano y esperar que ella también me escribiera.

1 Octubre 1999

Hola mi Naye!

Estoy en clase de economía: ¡Guac!

(Teoría de la empresa, curva de demanda, factores de producción) ¡Ya basta! La verdad es que sí está interesante pero no en viernes saliendo de mi examen de dinámica, cuando podría estar en las "Toño" o en la central para irme a ver a mi novia. Esta semana ha sido desgastante, no sabes cuánto extraño ir a checar en la nochecita para descansar y olvidarme de todo junto a tí. Me he puesto a pensar qué pasaría si estuvieras estudiando aquí. Por un lado sería padrísimo poder verte diario y a cualquier hora platicarte todo lo que me pasa (lo extraño), en fin estar juntos físicamente cada vez que necesitemos uno del otro. Pero por el otro lado, descuidaríamos todos nuestros deberes. ¿Tú crees que yo no preferiría estar contigo, que estudiando Electricidad y Magnetismo? Pero si por supuesto. Ya ves, "por algo son las cosas" ¿Te das cuenta de cómo Dios va haciendo que las cosas se vayan realizando de acuerdo a sus planes? Creo que esto va a hacer que podamos cumplir nuestros sueños y estar juntos... pero cómo cuesta trabajo. Si no supiera que tú estás esperándome y que todo esto es por nosotros, no sé si podría hacerlo. Tú eres quien me empuja a seguir adelante, por quien quiero ser mejor...

... tengo que confesarte que hay días en qu eno puedo hacer otra cosa que pensar en tí. Todo cambia cuando estamos juntos, la vida se alegra y se ve diferente, pero cuan-

do estamos lejos, solo queda pensar en tí, recordar, soñar...
podemos estar uno al lado del otro fuera de todo tiepo y
espacio, incluso fuera de nosotros mismos. Gracias por enseñarme a amar.

Juan Diego

En ocasiones, las cartas iban y venían el mismo fin de
semana, otras yo mismo le entregaba mi bonche de cartas
o si no había mucha suerte, nos tocaba esperar dos o tres
semanas, pero la respuesta siempre llegaba.

10 May 1999

Nayeli a Juan Diego

Sabes... Te siento tan cerca en este momento que puedo sentir tu respiración, tu piel, tu calor. Puedo sentir tu mirada y ver esa sonrisa que ilumina tu cara. Me siento ida, como si no estuviera en mí, me siento dentro de tí, tranquila y llena de amor. Un amor que ha ido creciendo y fortaleciéndose con el tiempo. Un amor que sé que es para siempre y que voy a cuidar con cuerpo y alma porque es lo más importante para mí, es lo que me da vida, es esa chispa que me ayuda a seguir adelante. Cada vez te siento más cerca, ¿Sabes qué veo cuando observo nuestras fotos? veo dos cuerpos unidos en un solo espíritu, hemos llegado a formar uno solo y creo que es por eso que nos es tan difícil estar separados. Pero estoy segura de que esta distancia nos hará cada vez más fuertes, más unidos. Sé que todo será más fácil teniéndonos el uno al otro. Pasan tantas cosas por mi mente, pero no sé cómo pasarlas a un papel, quisiera que pudieras leer mi mente y darte cuenta de lo que siento, de lo que tú me haces sentir, de cómo vives cada instante en mí y cómo vivo contigo cada momento. Todo lo que hago es contigo en mi mente. Muchas veces eso es lo que me hace salir adelante, no dejarme caer y seguir luchando por lo que quiero...

... Me da tanto miedo perderte. He intentado imaginarme las cosas sin tí y no puedo, me quedo estancada. Como si el mundo se detuviera y no pudiera seguir. Me aterra imaginar que no te tengo... Sé que hay más gente a mi alrededor que me quiere y yo a ellos pero tú has formado mi mundo.

Te agradezco tanto lo que has hecho por mí y lo que has hecho conmigo, que estés a mi lado cuando te necesito. Saber que estoy en tu mente y que me amas es suficiente para calmarme y sentirme tranquila y segura de que todo va a estar bien...

Bueno chaparro, me despido diciéndote que te amo y dándote las gracias por hacer que todo esto valga la pena. Sé que no es fácil para tí tampoco.

Te amo Juan

Desde hace tiempo tuya...
y siempre tuya...
Nayeli

Las formas de comunicarnos durante estos años separados fueron cambiando de mano al avance de la tecnología. Lo primero fue el correo electrónico. Era increíble
poder escribir una carta y saber que cuando Nayeli llegara
a su casa podría leerla. Cuando terminaba alguna clase y
tenía 10 o 15 minutos libres, corría literalmente al centro
de cómputo para abrir mi cuenta y checar si ya tenía alguna respuesta. El ocasiones me daba cuenta de que el correo
acababa de ser enviado. ¡Está escribiendo! Inmediatamente,
antes de leer su correo, le enviaba uno diciendo "¿estás ahí?"
Era una emoción difícil de describir... saber que en ese mismo instante podría escribir y ella responder. Tres o cuatro
correos se juntaban y era difícil seguir una conversación,
pero ella estaba ahí y eso era lo importante. Después había
tiempo para leerlos con calma.

Esos mensajes cruzados dieron tiempo a los chats. El
ICQ y su característico sonido !Ah ah!, era el más eficien-
te. Teníamos que ponernos de acuerdo previamente para
conectarnos los dos a la misma hora. Desconectar el cable
del teléfono y conectarlo a la computadora de mi hermana
(todo tenía que coincidir y reservarse). Así que entre desco-
nexiones y retrasos en la línea, en conversaciones de 1 hora,
realmente podías platicar 10 o 15 minutos.

Hablar por teléfono era toda una aventura también.
Primero tenía que comprar una tarjeta telmex y ubicar un
teléfono público cercano a mi casa. Después de acabarme
mi saldo en llamadas en las que no la encontraba en su casa,

optamos por hacer citas telefónicas vía correo electrónico. "¿Vas a estar hoy en tu casa a las 6:30pm?, te llamo a esa hora, después de comer". Algunas veces la fila en el teléfono me desesperaba y la llamada era 5 o 10 minutos más tarde de lo acordado. Tenía mi tarjeta de 50 pesos y marcaba: 01 (4433) 14 25 69 y en la pantalla del teléfono público aparecía un letrero que decía "Marcando", al instante en que contestaban, el letrero cambiaba: " Saldo 46" y el tiempo de la llamada: 0 minutos, 10 segundos, 11, 12, 13... Al completarse el primer minuto: "Saldo $42". ¡Cada minuto costaba 4 o 5 pesos! Así que mi tarjeta me duraba 10 o 12 minutos cuando mucho. Por lo que solamente le podía llamar una vez a la semana si tenía suerte. Después hubo un invento extraordinario para los estudiantes foráneos y más para los que como yo, teníamos mucho que decir al teléfono y poco dinero para hacerlo. Resulta que algunas empresas hacían algún tipo de acuerdo o contrato con Telmex y las primeras, obtenían una "Clave" para que las llamadas de larga distancia costaran por minuto, lo que una llamada local. Nunca supe cómo las obteníamos o quién las proporcionaba, el caso es que llegaba a mí y ahora tenía que marcar, por ejemplo: 33646, un número local de Guadalajara, y esperar a que contestara una grabación. Después marcar 5697533*83, esperar un nuevo tono y ahora sí (sin el 01) 443 314 2569. Esperar dos o tres tonos y escuchar el "Bueno... hola mi amor". Ahora el saldo de mi tarjeta que marcaba la pantalla del teléfono público disminuía únicamente 50 centavos cada minuto.

¡Podía llamar casi 100 minutos con el mismo saldo! Un día de repente la clave simplemente dejaba de funcionar y las llamadas disminuían. Hasta que algún otro amigo te dijera "ya tengo otra clave, ¿la quieres? "Te la cambio por una torta de milanesa" Poco a poco fue más fácil y barato comunicarnos. Después vinieron los Nokia 3310 y su juego de viborita, con los que al menos sin salir de mi casa, podía darme el lujo de llamar para decir y escuchar un "buenas noches, te amo" Yo no sé cómo hubiera sido mi relación con Nayeli con los mensajes y las videollamadas de hoy. Agradezco a la vida por esa emoción, ese cosquilleo y falta de respiración que sentía después de 4 o 5 días de espera y saber que por fin escucharía su voz, parado en la lluvia con un teléfono público en la mano.

La vida en la universidad continuó entre clases, proyectos, viajes de ida y vuelta entre Guadalajara y Morelia. Muy pronto y de un día para otro, el futbol, que había sido una pasión durante 18 años, simplemente dejó de gustarme. De pronto me costaba trabajo correr por mi lateral, hacer cambios de juego y centrar. Supongo que mi atención estaba en otro lado, no persiguiendo y pateando un balón. Fue raro, porque incluso los partidos en la tele y el estadio cayeron de mi gracia. De un día para otro me dí cuenta: ya no disfrutaba jugar. Colgué mis zapatos de futbol y nunca los extrañé. El letrero en mi gorra que había usado tantos años, estaba equivocado: "Live is short, soccer is for ever" Afortunadamente mi vida tenía mucho más que futbol.

Fue entonces cuando el bosque de la primavera me recibió con los brazos abiertos para que explorara sus rutas de ciclismo de montaña. Dos o tres días a la semana, cuando no tenía clases de 7 de la mañana, me iba con Toño a rodar desde temprano para no perder la costumbre de levantarme de madrugada. Desde una noche antes, todo tenía que estar listo: cadena aceitada, llantas con su presión checada, ánfora, casco, guantes, lunch, la bici lista en el carro. A la mañana siguiente, salir de la casa aún oscuro, llegar al 8 ½ justo al amanecer... ya podía respirar de nuevo. Esa frescura volvía a ser parte de mí y yo de ella cada vez. Rodar y rodar, dice la canción. En momentos se hace pesado pedalear, luego solo es dejarse ir. Sintiendo el aire y dejando que el cuerpo reaccione sin pensar para mantener el equilibrio, brincar, colear, esquivar. De nuevo pedalear y avanzar. Campo, luz, aire, libertad. Rodar y respirar digo yo. Porque precisamente eso era lo que me daba la primavera.. Ahí no había cálculos ni tiempos de entrega, no había fórmulas ni exámenes sorpresa. Si me arriesgo un poco más, ahí no extrañaba a Nayeli. No había nada que me impidiera respirar. Simplemente me permitía ser, disfrutar, volar.

Precisamente en ese tiempo, tres años después de haber llegado a Guadalajara, ocurrió una de esas coincidencias tan extrañas de la vida, de las que habla Alberto Escobar. La carrera que Nayeli estaba estudiando en Morelia se cerró por falta de estudiantes. Mágicamente, esa licenciatura también estaba en Guadalajara. Las puertas se abrieron y las cartas, llamadas y añoranzas terminaron. Solo bastaba hacer coincidir horarios para poder estar juntos. ¿Qué más podía pedirle a la vida? Novia, amigos, naturaleza, aprendizaje, diversión. Lo tenía todo para ser feliz. Sin embargo, algo había en mi cabeza que me impedía poder disfrutarlo a plenitud. Algo que me hizo aprenderme de memoria el camino de la casa de Nayeli al confesionario de la UP. La culpa, el miedo y esa pregunta que seguía ahí... ¿Realmente podía irme al infierno por disfrutar mi vida? ¿Realmente deshonraba a mis padres por llegar tarde a clase después de rodar al amanecer en la primavera? ¿De verdad el amor a una persona podía condenarme a una eternidad de sufrimiento? ¡Si yo ya había sufrido esa separación que no me dejaba respirar! ¡ Ya había tenido la mente y el cuerpo en diferente lugar! Y ahora que por fin podían estar juntos, esa culpa y miedo en mi cabeza me impedían ver la verdad: ya vivía en ese cielo que, mediante sacrificios y esfuerzo, yo creía tener la obligación de alcanzar.

Toxín.

Viviendo en Guadalajara, los límites de la diversión y del mundo a explorar, no solo se fueron expandiendo, yo diría que fueron desapareciendo. Los fines de semana, se dividían ahora entre visitas a mis padres en Morelia, días tranquilos con Nayeli, y salidas a la naturaleza. Pescas o jeepeadas de uno o dos días durmiendo a la intemperie a la orilla de un río. Lo importante era sentir la unión con la naturaleza, poder ser y respirar.

Un día, un amigo me invitó a las grutas de Toxín. Unas cavernas ubicadas entre Jalisco y Colima, en las faldas del Nevado. Según me dijeron, en el valle donde Juan Rulfo se inspiró para escribir "El llano en llamas". Otro compañero, que se sabía muy bien el recorrido, estaría ese fin de semana en Guadalajara, y teníamos que aprovechar su visita porque eran unas grutas vírgenes, sin ningún señalamiento, por lo que resultaba muy fácil perderse sin un buen guía. Así que había de todo para esa aventura: naturaleza, el fantasma de Pedro Páramo, amigos y diversión. Solo había que conseguir dinero para el viaje. Coincidentemente, un fin de semana antes, un amigo dueño de una constructora me pidió ayuda para vender unas plantas de nochebuena que le sobraron de una obra. Así que en los semáforos nos pusimos a vender plantas para sacarles lo más posible. Según mis cuentas ya salía lo que el amigo de la constructora quería y lo que yo necesitaba para el viaje. Todavía quedaban plantas, pero el siguiente fin era el plan de Toxín, así que lo que se hizo se hizo. Hicimos todos los preparativos y el sábado después de comer, ¡A la aventura!. Recuerdo que atravesamos algunas montañas y al momento del atardecer, llegamos cerca del poblado de San Gabriel, ahí pude comprender el por qué del título, "El llano en llamas". Eran unos colores anaranjados y rojizos sobre los huizaches y vegetación del lugar, que realmente parecía que estuvieran incendiándose en una llama de calma y tranquilidad. El tiempo se detuvo. Ya cerca del anochecer, después de varias desviaciones y algunos kilómetros de terracería, llegamos a la casa de doña Adela. Una viejita a todo dar que nos dejaría dormir en sus establos para, al día siguiente, recorrer las grutas.

—¿Y si bajamos de una vez y allá adentro dormimos?

—Pues sí, de todos modos, allá adentro está oscuro y no se ve nada ni de día ni de noche.

Así que emprendimos nuestra caminata hacia la entrada de las grutas. Yo me imaginaba llegar a una cueva, la cual seguiría y se convertiría en una gruta, pero no. De repente, mi amigo que sabía el camino, se detuvo en un árbol:

—Listo, ya llegamos

¡No había nada, era el cerro, el árbol, algunas piedras y nada más! Nos tomamos una "selfie" con la última luz del día, nos quitamos las mochilas y nos dijo:

—Aquí mero

En las piedras que estaban abajo del árbol, había un orificio irregular de unos 40 centímetros de largo. Se sentó en el suelo, metió los pies y, arrastrándose hacia abajo, desapareció.

—¿Qué?, ¿En serio por ahí es la entrada?

Pues a seguirlo. Dejé mi mochila, me senté y, arrastrándome, empecé a bajar por una especie de cúpula llena de rocas. Nos teníamos que quitar la mochila, porque no cabía, no había espacio más que para uno. Una vez adentro, parado en una roca, me pasaron todas las mochilas que también cabían únicamente de manera individual. Cuando terminé de bajar y pude observar en dónde estaba, no podía creerlo. Era una caverna tan grande, que el haz de luz de mi linterna, no alcanzaba a traspasarla. Hacia los lados, se podían percibir las paredes de roca, pero por más que abriera los ojos, no era mucho lo que podía ver. Algunos minutos después, mis ojos se acostumbraron a la oscuridad y pude apreciar dos cámaras: una pequeña hacia el lado derecho de unos doce o quince metros de profundidad, unos cuatro o cinco de ancho y tres o cuatro metros de alto. La otra cámara, enorme. Hasta donde podía percibir, más alta que las torres de la catedral de Morelia. En lo más alto de esa cámara, se podía apreciar un orificio que permitía la entrada de la poca luz de la luna, que brillaba en el exterior, produciendo un tenue haz que recorría la oscura cueva hasta llegar al suelo. Durante todo el recorrido que ese rayo de luz recorría en el suelo durante el día, se podían apreciar pequeñas plantas creciendo. Plantas de un tallo blanco de aproximadamente 20 centímetros de alto. Plantas que aún en la oscuridad se abrían al milagro de la vida.

Nuestro plan fue el siguiente: dejar las mochilas, bolsas de dormir y chamarras en la cámara pequeña y comenzar nuestra expedición por las grutas sin mayor dilación. Unas botas, cuerda, lámpara: era todo lo que necesitábamos para explorar y disfrutar ese momento de la vida. Avanzamos siguiendo a quien decía conocer el camino y atravesamos la cámara grande guiados por las luces de nuestras linternas y asombrados por la inmensidad, oscuridad y silencio del que estábamos envueltos. Un poco más adelante, encontramos un pequeño arroyo subterráneo. A partir de ahí, todo pareció más seguro: "seguimos el arroyo y al regreso igual, pero en sentido opuesto". Era un buen plan para una experiencia excepcional. En un punto del camino, llegamos a una cascada de unos 3 metros de altura. Por la humedad y oscuridad, optamos por usar nuestra cuerda para descender y dejarla ahí amarrada para el regreso. Al momento de empezar a bajar pegado a la roca, un descuido hizo que soltara mi linterna y se fue al fondo, no solo de la cascada sino al fondo de la fosa que se había formado por la caída del agua. "Perdí la lámpara que me regaló mi mamá", pensé. A caminar a oscuras. Sin embargo, al fondo de ese cuerpo de agua, mi lámpara siguió iluminando. ¡Descubrí que era sumergible! la transparencia y cristalinidad del agua me impresionó. Me sumergí completamente y recuperé mi regalo, fue como volver a ver. A partir de ahí, continué mi recorrido por esos caminos fríos y oscuros mojado de pies a cabeza. Un poco más adelante el río desapareció. Siguió otra grieta donde nosotros no podíamos continuar, y de nuevo, la confianza del camino recayó en nuestro guía. Después de avanzar dos horas entre rocas y moho, el aire se hizo denso y el camino se inundó. Por algún lado del arroyo, había encontrado su camino hasta donde el miedo, el cansancio y el sueño empezaron a despertar nuestra conciencia del lugar y la situación en la que estábamos. Nadie de nuestros familiares sabía cómo llegar a las grutas. Solamente doña Adela, sabía hacia dónde nos habíamos dirigido, pero nadie de nuestras vidas la conocía a ella. La comida y agua se habían quedado con nuestras mochilas en la primera cámara. Tal vez no había sido tan buena idea como se veía al principio. Afortunadamente, la cuerda que dejamos en la cascada nos marcó el camino de regreso. Nunca supe si por algún momento realmente estuvimos perdidos o mi amigo en verdad conocía el camino por el que nos llevó. Me gusta pensar que cada quien llevaba un ángel guardián experto en espeleología y ellos nos ayudaron a regresar. Al volver a la cámara pequeña, recuerdo que yo necesitaba respirar aire puro, pero el cansancio y el frío eran más que la necesidad de respirar. Extendimos nuestras bolsas de dormir y no supe nada más de mí. Algunas horas después, me despertó un gran alboroto de alas alrededor de mí. Estaba amaneciendo y los habitantes de esa cueva volvían a su hogar a refugiarse de la luz del sol. La cámara en la que estábamos, era la casa de miles de murciélagos. No había forma de saberlo, pero esa noche en las grutas de Toxín, marcarían más adelante mi camino en la vida.

Dementores de energía (...y la vida siguió...).

A diferencia de lo que canta Joaquín Sabina, mi vida siguió como siguen las cosas que tienen mucho sentido. Tuve oportunidad de trabajar y viajar al mismo tiempo en una empresa de bolsas de aire durante 6 meses. Un trabajo de sueño, sin embargo, diciéndolo poéticamente, me di cuenta de que ese no era el estilo de vida que quería tener. Diciéndolo más poéticamente, jalan más unas faldas que una yunta de bueyes. Renuncié a Takata, porque quería vida en familia, ver nacer a mis hijos, enseñarles a andar en bici, salir a caminar con Nayeli. Y con toda seguridad, esa empresa no me lo podía dar. Después de tomar esa difícil decisión, regresé a Morelia y el 1 de Abril del 2006, ese gran sueño se realizó. Con la guitarra de Bryan Adams, de fondo, abracé a Nayeli y bailando "I'll always be right there", nos prometimos estar siempre ahí para el otro. Poco más de un año después, pude experimentar una de las mayores dichas de la vida: ser papá de Santiago. Dos años después, el mundo se puso de cabeza con la llegada de Andrés y otros dos años más, Mariana me robó el corazón poco a poco. Soy papá de 3 hermosos seres y de 2 ángeles que no pudieron nacer. Es difícil explicar la gran dicha que la paternidad me da, un libro para cada hijo necesitaría. Basta decir que de algún modo supe que todo lo que había vivido y aprendido, se había debido para esa faceta de mi vida, ser papá.

Esos seis años fueron una etapa de biberones, pañales y cuarentenas extendidas, en los cuales mis botas, mi bici y mi jeep estuvieron guardados más tiempo del que me hubiera gustado. Solamente Carlos, mi gran amigo de la secundaria, me hacía desempolvarlos. De vez en cuando me invitaba a una excursión o a rodar en la tarde y algo raro pasaba en mí: me costaba más trabajo que antes subir las bicis al jeep, tenía que hacer un gran esfuerzo para salirme de las cobijas para ir a ver el amanecer. En una ocasión, mientras rodábamos entre Jesús del Monte y San Miguel, me di cuenta de que iba caminando, empujando mi bici por "La Guácara", esa subida donde años atrás había subido y regresado porque Carlos estaba vomitando del esfuerzo. ¿Qué me pasaba que ahora no podía subir? Sudando y con el pulso acelerado llegué hasta arriba y pensé que quizás sería la falta de condición. Durante esa temporada, también cambié mi horario de trabajo para poder estar más en mi casa. Me iba a las 8 de la mañana y regresaba a las 5 de las tarde. Así podía comer, jugar y cambiar pañales más tiempo, sin embargo, a las 8 de la noche yo ya quería dormirme. Sentía como si mis hijos fueran dementores de energía y me chuparan completamente mi fuerza, solo quería dormir. Tenía que esforzarme para disfrutar esa dicha que tenía enfrente. Esforzarme para correr detrás de Santiago. Se me hacía difícil bailar y cantar con Andrés. Me daba mucho trabajo cargar y arrullar a Mariana. Cuando Santiago, cumplió 4 años, compramos su bicicleta, la subimos a la cajuela y con

2 sillitas de viaje y un portabebé, nos fuimos al planetario para la primera clase. Ya había tenido antes una bici sin pedales, por lo que el equilibrio no representaba tanto reto. De cualquier forma, tenía que agarrarle a la pedaleada y corriendo de cuclillas para detener el asiento, sentí que el corazón se me salía. Se lo encargué a su ángel de la guarda y solo pude gritarle: "Da la vuelta, acá te espero". ¡No podía seguir a mi hijo corriendo! ¿Qué me pasaba? En ese momento tenía todas las emociones en mí: desesperación por no poder alcanzarlo, orgullo de que en el primer intento había podido, confianza en quién lo iba cuidando, ternura de Nayeli con mis otros dos hijos, miedo de que algo no iba bien en mí. Entre cansancio, agitación y dolor de espalda, me costaba trabajo y esfuerzo vivir mi vida que tanto había soñado. Doctores y curanderos me decían lo mismo: "No tienes nada, solo descansa y toma vitaminas, estás perfectamente", "llegaste a los 30, la edad de los nuncas". Por mi parte, sabía que algo no estaba bien, pero no sabía escuchar a mi cuerpo. Tenía más confianza en los doctores que en mí mismo. Tenía mucho que aprender.

Paleta de limón.

Dos son mis recuerdos más antiguos. Ambos, corroborados con mi madre y son aproximadamente de cuando tenía 3 años. El primero es de mi papá matando ratas a balazos en una casa que rentamos mientras construían el segundo piso en la 8 de Septiembre. Desde entonces se me cierran los ojos cuando sé que algo va a tronar o explotar: un martillazo, un cuete, un balazo. El segundo son las paletas "Noruega". El primer local es el de mi recuerdo, cerca del hospital civil. Para entrar, tenías que subir dos escalones altos y ahí estaban los refrigeradores guardando tesoros congelados de todos los sabores. Pero había algo que oscurecía la dicha de las paletas de limón: las caras feas. La pared, además de estar pintada de un color oscuro, tenía colgadas muchas máscaras que a mí me daban miedo. Entonces cada vez que íbamos, me quedaba abajo de los dos escalones con mis manos tapando mis ojos para no ver las caras feas, esperando mi paleta de limón. Después de 40 años las paletas de Nacho, siguen llenando de sabor las reuniones familiares, afortunadamente, ahora quitó las caras feas y puso a Pedro Infante y a Jorge Negrete.

Unos días antes de mi cumpleaños 35, quise ir con mis hijos por unas "Noruega". "Dame una de limón Nacho". Después de una vida comiendo esas paletas, he desarrollado la técnica perfecta para saborearlas: primero una mordida, luego le exprimes el sabor al bloque de hielo dentro de la boca y mientras se enfría la lengua y la parte interna de los cachetes, sientes cómo el sabor inunda toda tu boca. Después, cuando parece que ya no hay sabor, masticas con las muelas el bloque de hielo y el sabor y frescura surgen de nuevo de donde ya no había nada. Te das tiempo para que tu boca recupere su temperatura normal, pasando un poco de saliva para que ayude a nivelarla. Cuando sabes que ya es tiempo, revisas la paleta y generalmente la parte de abajo ya se empieza a derretir. Sorbes esa parte y como el hongo de Remy en Ratatouille, "es una verdadera explosión de sabores", mientras respiras y cierras los ojos para saborear. Inmediatamente otra mordida y el deleite continúa entre mordisco y sorbo. El tiempo para terminar también es importante, dependiendo a donde vayas, puedes comerla despacio o acelerar el paso para que, al llegar a tu destino, no antojes a los demás. Aquel día que fui con mis hijos, la pude saborear muy despacio. El camino hasta mi casa era de 15 o 20 minutos. De tal manera que justo al estacionar mi carro fuera de mi casa, la paleta se terminó. De regreso a la vida: desabrochar sillas, cargar chiquillos y pañaleras. Sale uno, salen dos, salen tres. "Ayuden con sus juguetes". Mientras recorría el jardín y cochera de mi casa, sentí algo en mi garganta, como una flema que venía del pecho. Me acerqué a un árbol para escupir y, cual si fuera el mejor augurio de un doble salto mortal, un coágulo de sangre cayó en la tierra llenándome de un miedo mucho mayor que el que tuve de niño a las caras feas. No sabía cómo taparme los ojos, no tenía en dónde esconderme. Ya no había ninguna duda, algo no estaba bien. Esa tos que de manera continua tenía, algo me quería avisar y aunque los doctores dijeran lo contrario, mi cuerpo tenía razón. Como pude, fui con Nayeli, y sin decir ninguna palabra la llevé para que viera la razón de mis ojos rojos. Sin palabras también me abrazó, después con la mayor de las incertidumbres, con un murmullo me dijo: "todo va a estar bien".

Estudios y diagnósticos.

A partir de ese momento empezó la búsqueda de respuestas. ¿Cuánto tiempo había pasado suponiendo que algo ocurría en mí? ¿Qué era? Quería que me lo dijeran ya y saber cuántas pastillas me tenía que tomar para estar bien. Con cada doctor, las posibilidades se expandían: un hongo en los pulmones, una bacteria, un tumor... Las radiografías y tomografías solo mostraban los daños. Alojados en la parte inferior de mi pulmón derecho había varias manchas, cuerpos o bolas, pero solo con una biopsia de pulmón se podían obtener más respuestas. Para mi cumpleaños 35, teníamos programado un viaje con varias familias a la mariposa monarca, el cual tuvimos que cancelar por el frío y las citas de estudios y doctores. Pero la boda de mi hermana no me la perdería por nada y aunque mi biopsia era dos días después, me compré un buff que combinara con mi corbata "y canté y bailé con banda y se me alborotó hasta el alma". Digamos que desquité el tequila. Un mes de incertidumbre y la inminente respuesta a mis preguntas, bien merecían la guarapeta. Recuerdo que estaba en medio de la pista con mi hermana y se acercaron a tomarnos una foto. Me detuve de un poste de luz para no salir tan borroso. Si esa foto tuviera sonido de oiría mi grito a mi hermana refiriéndome al poste: "Este güey se mueve". Los tres días siguientes fueron de una cruda espantosa. Con la poca oxigenación que tenía, el domingo me la pasé enfermo y el lunes por la mañana fue la broncoscopía. Debido al alcohol que todavía tenía en la sangre, me pusieron doble o triple dosis de anestesia me mandaron a volar de nuevo hasta el martes o miércoles. Ya un poco más repuesto fuimos a la cita con el doctor. El estudio arrojaba por resultado, tuberculosis. La presencia de esta bacteria se mide por "cruces", una, cuando hay poca y 3, cuando es demasiada. En mi caso solamente había una cruz y resultaba poco probable que hubiera generado tal daño en mi pulmón, pero era suficiente para entrar en el programa de la Organización Mundial de la Salud de combate contra la tuberculosis. Todos los estudios comprobatorios estaban en contra del diagnóstico, al igual que todas las opiniones médicas. Pero una vez dentro del programa, tenía que cumplir con el tratamiento bajo supervisión estricta. Todos los días en ayunas llevaba a mis hijos a Valle Azul, y de ahí pasaba a la clínica pública por mi medicamento, el cual no se puede comprar más que en el mercado negro o adquirir de manera gratuita en este tipo de clínicas. A las 9 de la mañana me tomaba mis 6 pastillas y solo me daba tiempo para llegar a mi casa, desayunar y era todo. Se agotaba mi energía y no podía levantarme en todo el día. Mis hijos jugaban sobre mí, brincaban y corrían alrededor de mi cama. La bici sin pedales, ahora de Andrés, iba y venía de la sala al comedor y a mi cama a ver si ya podía levantarme a jugar, y yo… dormido. Cuatro meses de tratamiento pasaron así, sin ninguna mejoría. Al final todo seguía igual.

"Tú no tienes tuberculosis", me dijo el pediatra de mis hijos, "vete al INER". Hazle como puedas, pero que te atiendan ahí. De nuevo la duda del diagnóstico. ¿Qué tenía entonces? ¿Se me iba a quitar? ¿Qué hago para sentirme bien? Idas y venidas a México, citas, estudios, reprogramaciones y no había respuestas. Ya era paciente del INER, pero no había ninguna conclusión de mi padecimiento. Por fin un día mi padre consiguió una cita particular con el jefe de cirugía del hospital. Nayeli, me acompañó de nuevo a la cita en México y su sentencia fue lo más clara y creo que nunca la voy a olvidar: "Juan Diego, te pido una disculpa en nombre del INER. Te debimos haber operado en cuanto llegaste, pero así es la salud pública en nuestro país. Sin duda estás en el mejor lugar de México, para operarte, pero así es la realidad. Tu situación es muy delicada. Quizás fue tuberculosis o más probablemente, la bacteria del guano de murciélago. Cualquier cosa que haya causado el daño en tu pulmón, ya no está. Pero el daño sigue y no se va a quitar. El problema es que una de las bronquiectásias (pequeñas cavernas en el pulmón), está prácticamente pegada a la arteria pulmonar y como pueden pasar 10 años y que no te pase nada, pueden pasar también 10 minutos y que un ataque de tos reviente la vena y no vas a llegar a ningún lado, te vas a ahogar en tu propia sangre. Yo opero en el INER, los viernes y los martes (ese día era viernes), hoy ya no te puedo operar, pero te opero el martes a las 8 de la mañana. Si gustas te interno desde hoy en el hospital para que ya no viajes, pero te sugiero ir a tu casa y despedirte de tus hijos y de tu familia. Es una cirugía de muy alto riesgo y hay mucha probabilidad de que no los vuelvas a ver..."

No recuerdo más indicaciones, en el regreso a Morelia, comimos Nayeli y yo un ribeye delicioso mientras un trío cantaba: "guitarras, lloren guitarras; violines, lloren igual. No dejen que yo me vaya, con el silencio de su cantar. Gritemos a pecho abierto, un canto que haga temblar, al mundo que es el gran puerto donde unos vienen y otros se van". Muy poco recuerdo de ese fin de semana. Pero sí recuerdo que, en silencio, sin poder decirles nada de la gravedad, abracé a Mariana, de cuatro años, a Andrés de seis y a Santiago de ocho. Hice un nudo en mi garganta y en mi panza para sonreír por fuera, mientras por dentro lloraba y me desgarraba de miedo y angustia por si no los volvía a abrazar.

"...¡Nadie en lo alegre de la risa fíe,
porque en los seres que el dolor devora,
el alma gime cuando el rostro ríe!..."

Juan de Dios Peza

INER.

El domingo 14 de junio del 2015, me internaron en el Instituto Nacional de Enfermedades Respiratorias. Alrededor de las 5 de la tarde, por los pasillos solitarios del hospital, caminamos hacia la oficina del que por más de 20 años había sido director de cirugía de tórax. Si alguien podía realizar con éxito mi operación, era él. Lobectomía del lóbulo inferior del pulmón derecho. Él había sido el primero en realizarla en el país y agotando las relaciones de mi padre, había llegado a su consulta. Por indicaciones suyas, me recibieron fuera de horario y se reprogramaron las agendas del martes 16, cumpleaños número 6, de Andrés mi hijo. Todo el lunes, tuve tiempo para estar, para sentir mi miedo, para escuchar el silencio más allá de los pasos de las enfermeras, las toses de los pacientes y los "beeps" de los monitores cardíacos. Fueron dos noches de frío, luz, ruido y soledad. El martes muy temprano llegaron por mí. Después de revisar mi historial médico y los últimos resultados de sangre, me acostaron sobre mi lado izquierdo y con un plumón indeleble me marcaron el costado derecho, señalando el lugar de la incisión y poniendo después un "SI". En mi costado izquierdo, simplemente marcaron "NO". Los doctores se fueron y quedó solo el camillero. Me ayudó a pasarme de la cama a una silla de ruedas, puso en mis piernas una cobija y el tanque de oxígeno al que estaba conectado. Me llevó por los pasillos del hospital hacia el edificio número 5: Cirugía de Tórax. Ahí me despedí de Nayeli: un beso, un abrazo y una mirada, no había mucho más que decir. Tras de mí se cerró una puerta, y mientras avanzaba, pude escuchar en mi mente el grito desgarrador de mi esposa cual si fuera Carabina Larga de "El último de los Mohicanos": "¡Stay alive, I will find you!". Me siguieron empujando por una rampa color verde hospital, encerrada y con la luz muy intensa. Yo iba físicamente por ahí, pero de una u otra forma, será algún medicamento o la angustia, pero me sentía ausente, avanzando y viendo las lámparas pasar sobre mí.

Después de una serie de puertas, en una sala me cambiaron a una camilla, ahí acostado solo cerré mis ojos y me quería esconder, hacerme bolita y llorar. En su lugar, algún chiste le dije al camillero. Por fin llegué al quirófano y supe que algo tenía que hacer. Dos días antes había ido a confesarme y recibir los santos óleos, pero algo me hacía falta. Sin pensarlo cerré los ojos y ahí en ese quirófano, pude sentir la presencia de Dios. En un diálogo con Él, le dije: "Seas quien seas, aquí estoy yo. Ya hice todo lo que humanamente podía haber hecho, no puedo más. Te entrego mi vida. Si quieres que viva, yo quiero vivir. ¡Te lo ruego! Si hasta aquí decides que sea, Gracias. Ha sido un gran regalo".

Estar frente a Él y entregarme así, de manera total e incondicional, ha sido lo más profundo y difícil que me haya tocado enfrentar. Incluso más que despedirme de mis hijos.

De nuevo en el quirófano, escuché una cuenta a tres y me cambiaron de camilla. Ya estaba ahí. Una luz muy fuerte, una máquina que respiraría por mí, doctores y enfermeras. Ya no dependía de mí. Solo de ellos y de Dios. Me pusieron una mascarilla y empecé a contar hasta 10. Uno, dos.... Todo se oscureció.

El dolor de respirar.

Poco a poco empezaron a volver los sonidos a mis oídos. La oscuridad seguía. Escuchaba el ir y venir de pasos, voces que no lograba entender, movimientos que me subían y bajaban a un lado y otro. Mientras todo iba y venía, un poco de luz aparecía y se volvía a apagar. Beep, beep, beep... otra vez oscuridad y silencio. "¿Cómo estás amor, como te sientes?". Luchando por abrir los ojos y responder, solamente un quejido largo salió de mi pecho. Oscuridad y silencio... dolor. Mis exhalaciones eran una constante y débil queja. Beep, beep, beep, "¡está despertando!", "el pulso está bien", "amor, ya estás aquí, te fue muy bien". Intentaba sonreír y la oscuridad volvía.

Para extirpar la parte dañada de mi pulmón, según me explicaron después, cortaron mi tórax prácticamente de columna a esternon, por todo mi costado derecho. En la parte de la espalda, la incisión fue externa, también la piel. Por la parte de enfrente, únicamente interna, solo muscular. Una vez abierto, se introdujo un retractor, que es una especie de pinzas invertidas para separar las costillas y hacer espacio para trabajar al interior del tórax. Se cortó el lóbulo dañado, se retiró y todo se volvió a cerrar. Además, se hizo una incisión para introducir una sonda sobre el diafragma y drenar la sangre que ahí se acumulara.

Muy despacio regresé a mi cuerpo, siendo consciente de lo que sucedía a mi alrededor, pero todavía más de lo que sucedía en mi interior. Mis pulmones habían sido colapsados, los dos. Aunque solo me cortaron uno, al respirar no puedes decir "voy a llenar solo mi pulmón izquierdo y el derecho no". Si uno está dañado, el otro no puede llenarse más que el primero, por lo que mi respiración era completamente superficial. Lo mínimo indispensable para subsistir y no sentir. Empecé a ser consciente del dolor de mi herida. Estaba ahí acostado en mi camilla hecho bolita. Casi en posición fetal. Cualquier movimiento, ya fuera del cuello, de las manos, de los pies, se reflejaba en mi espalda y abdomen, traduciéndose en un dolor insoportable. Me sentía entumecido por esa posición, pero no quería modificar nada para no sentir. Además, la sonda incrustada por entre mis costillas, a cada inhalación se enterraba dentro de mí. No podía llorar, no podía moverme ni respirar. No quería sentir. Al mismo tiempo que agradecía estar vivo y poder sentir esa desesperación, necesitaba que cesara , ya no podía más. Igual que el Capitan Algren, en el último samurái, grita, desgarrado por sake, yo berreaba en silencio por morfina. Lloraba inmóvil y sin aliento para que me apagaran de nuevo: "¡SAKE!". Y venía el doctor o la enfermera a sedarme. Al despertar, ya estaba solo, hacía frío, tenía miedo, el dolor se adueñaba de mí: "¡MORFINA!". La oscuridad volvía y me envolvía en colores intensos, persecuciones, ansiedad, fuego, elefantes… miedo. Al regresar, Nayeli, estaba ahí y sentía sus caricias, pero también el dolor. Los momentos conscientes duraron más y volvía a pedir alivio a gritos. El doctor habló conmigo en un momento de lucidez: "Juan Diego, entiendo perfectamente el dolor que sientes y si me pides morfina, lo comprendo y es mi obligación dártela para apagar tu dolor; pero no solo apaga el dolor, también duerme todo tu cuerpo, todos tus sistemas, por lo que no vas a mejorar si te la sigo aplicando. Si te quieres ir a tu casa, es mejor suspender la morfina". A partir de ese momento, no pedí de nuevo el Sake del último samurái. Si al final del dolor estaban mi casa y mis hijos, estaba dispuesto a sentir. Seguí llorando en silencio, hecho bolita, sintiendo la soledad, el frío, el miedo. Sin duda hubo otros medicamentos para aminorar un poco el dolor, pero las alucinaciones y la desconexión no volvieron. Una vez más presente, me dejaron una nueva tarea. La sonda extraía la sangre que escurría por fuera de los pulmones, pero la que se iba hacia adentro me correspondía a mí: toser y escupir. Deshacerme de las flemas y coágulos que se acumulaban dentro de mí. Cada vez que sentía algo, las lágrimas venían a mí: la herida, la sonda, la tos, escupir, poco aire. Todo era imposible, hasta llorar o no llorar. Cuando disminuyeron las flemas, reapareció el doctor con otra tarea: expandir mis pulmones. Seguían contraídos y colapsados. Como un globo que inflas y desinflas muchas veces y por dentro se llena de humedad. Cuando lo dejas vacío por un tiempo, está pegado, chicloso, contraído. Así estaban mis pulmones, pero además con sangre por expulsar. Cada vez que inhalaba sentía un límite muy definido, no podía entrar más aire. De pronto forzaba la inhalación un poco más y como si uno de esos pliegues del globo se despegara, al soplar, sentía el brinco y la expansión en mi cuerpo acompañadas de un gran dolor, como una puñalada de la sonda y del recordatorio de mi herida de espada de samurái.

El más fuerte dolor que jamás sentí, ese frío que entumece y cala hasta los huesos, el miedo que te genera espasmos y temblores en todo el cuerpo, la soledad de no estar ni contigo mismo. Para mí, todo eso se sentía al respirar.

El dolor y la muerte a mi alrededor.

A medida que mis pulmones se expandían de nuevo, pude estar más presente en mi situación, en mi realidad. Mirar un poco más alrededor. Definitivamente, no era el único con dificultades de respirar y mucho menos el único en atravesar un gran dolor, ni tampoco el único con la esperanza de que todo cambiara para retomar la vida donde se había pausado. Desde mis primeras citas lo había empezado a notar: jóvenes descansando a la mitad de la escalera, adultos mayores esperando solos su consulta. O como aquel papá que me rompió el corazón, caminando en los jardines del hospital: en el brazo izquierdo cargaba a su bebé de 4 meses y en el brazo derecho cargaba el tanque de oxígeno de su hijo. Ya en terapia intensiva, después de mi operación, mientras tomaba analgésicos para inhalar y exhalar un poco más, esas historias volvieron a aparecer.

En el cubículo a mi izquierda, un día llegó una joven de aproximadamente 15 años. Tenía una sonrisa de oreja a oreja y una luz en sus ojos que iluminaba todo a su paso, incluido yo, que estaba a su lado. Con una voz muy baja, alimentada solamente por el tubo que salía de su garganta, me contó lo feliz que estaba porque después de varios años de tratamiento, por fin podrían hacerle el trasplante o insertar la prótesis que requería en su garganta para poder respirar y vivir de manera natural. Yo seguí con mi ocupación de bloquear mi dolor para inflar mis pulmones y vaciar los fluidos que había dentro de ellos hasta que me quedé dormido. Al despertar, algunas horas después, ella había regresado, pero su luz no. Lloraba tan alto y tan bajo como su traqueotomía se lo permitía, quizás quería callar y que nadie la oyera, quizás quería gritar para que la escuchara el mundo entero, pero ninguna de las dos opciones podía hacer. Solo estaba yo, en representación de todos y de nadie y, sin saber por qué, en silencio, lloré con ella. No la volví a ver. Le pregunté a mi enfermera qué le había ocurrido, por qué si llegó tan radiante se había ido tan apagada. "Ya no hay nada que hacer por ella, su garganta no soportaría la cirugía". Así que se iba de regreso a su casa, a permanecer, a esperar sin esperanza…

En el cubículo a mi derecha, otro día llegó un muchacho un poco más joven que yo. Intubado. Pasó unas horas junto a mí. Separados únicamente por una pared de panel de un metro de altura y el resto por un cristal. Podía voltear y verlo ahí acostado, inconsciente. Algunas horas después lo llevaron también al quirófano. Yo seguí con lo mío: bloquear mi dolor para inflar mis pulmones y vaciar los fluidos que había dentro de ellos hasta que me quedé dormido. Ya de noche desperté y lo sentí ahí a mi lado, tendido igual que antes de que se lo llevaran. Me volví a dormir. De pronto, me despertaron golpes muy fuertes en la pared de panel a mi derecha: mi vecino golpeaba su cabeza con todas sus fuerzas y después de arrancarse los tubos que lo mantenían respirando, se tiró al suelo y convulsionó. Su monitor de signos vitales emitió un sonido continuo. Las enfermeras y doctores de guardia corrieron en su auxilio mientras yo lloraba en silencio de miedo e impotencia. Después de unos minutos de angustia y aceleración en toda la sala, el beep volvió a ser intermitente, pausado y sincronizado con su corazón. Le salvaron la vida. O podría decir quizás como en la película de los increíbles: "arruinaron su muerte". Pasó algunos días más junto a mí. Amarrado de pies, cadera, manos, hombros y frente. Completamente inmóvil. Después se lo llevaron. Nunca supe nada de él. Solo sentí su desesperación y sus ganas de morir dentro de mí.

Ya no había cubículos a mis lados, pero sí había otros 10 pacientes más. Una noche entre sueños interrumpidos constantemente por el dolor, la luz y los pasos de las enfermeras que entran y salen a revisar a todos sus pacientes, un beep continuo, volvió. Algunos cubículos más alejado, pero ahí estaba. Después, pasos acelerados, órdenes desesperadas y el beep no cambió. "Avísenle a sus parientes", anunció el doctor. Mientras yo, en silencio, conteniendo el movimiento en mi pecho para evitar el dolor físico que generaba aquel dolor emocional. Nunca supe nada de él. Solo sentí el frío de la muerte pasando a unos metros de mí.

Más allá del abatimiento, de la angustia, de la desesperación y muerte de mis vecinos, muchos años me persiguió la duda: ¿por qué chingados a mí no me cargó el payaso? ¿Por qué a mí sí me diste esta segunda oportunidad? ¿Qué carajos hago con esta vida que no me merezco más que ellos? ¿Por qué a mí sí? ¿Para qué?

Esas son las cuatro cosas más difíciles que me hayan tocado enfrentar en esta vida sin duda alguna: despedirme de mis hijos y esposa, entregar mi vida a Dios, volver a respirar y sentir en carne propia el dolor de mis vecinos. ¿Por qué a mí? ¿Para qué?

JUANDIEGUILLO

125

Agapandos.

Poco a poco empecé a recuperar mi capacidad respiratoria. Una vez que dejé de pedir la morfina, el dolor fue más fuerte pero la mejoría se aceleró en la misma medida. En la zona del hospital en la que estaba, solamente permitían una persona de visita, una hora en la mañana y otra hora en la tarde. El primer síntoma de que iba mejorando fue querer ir al baño, afortunadamente coincidió con que Nayeli, estaba ahí y me pude apoyar en sus hombros para caminar hasta allá. Quizás eran 15 metros desde mi cama, pero a mí, me parecía un maratón. Después me caché a mí mismo pidiéndole a Nayeli, unas galletas de contrabando. Ya quería comer algo diferente... "Enfermo que come y mea, el diablo que se lo crea", seguramente iba mejorando. Me sentía contento, pero todavía me parecía imposible salir de ahí y regresar a mi vida normal. El doctor se había dado cuenta de que volver a mi casa era muy buen incentivo y un día llegó con un inspirómetro: "Juan Diego, vas muy bien. Has mejorado mucho, pero si quieres irte a tu casa, tienes que ponerte a respirar. ¿Ves estas tres pelotitas?, tienes que elevar las tres y mantenerlas ahí durante 10 segundos. Pones tu boca en este tubito e inhalas lo más que puedas".

—"Echemelas doc, y vaya firmando mi alta", fue en mi cabeza la respuesta.

Tomé el famoso aparatito, coloqué mis labios según me habían indicado e inhalé con todas mis fuerzas. De nuevo la sonda se clavó en mis pulmones con un dolor insoportable, al momento sentí muchas ganas de toser y escupir una flema o seguramente otro coágulo con todo el padecimiento que eso representaba. Escupí en un pañuelo desechable y volteé a ver a Nayeli, para ver qué tal lo había hecho. Una sola bolita se había levantado, únicamente medio centímetro. Si ir al baño había sido un maratón, esta nueva prueba se asemejaba a un Ironman. pero el doctor había sabido qué botón presionar y sin duda alguna yo quería volver cuanto antes a mi casa y abrazar a Mariana, hacerle cosquillas a Andrés y jugar luchitas con Santiago; qué me importaba aguantar cualquier dolor, inhalando, tosiendo o escupiendo. Decidí esforzarme y aguantar cualquier cosa. ¡Ya quería volver a mi casa!

Mientras yo estaba ahí esforzándome al máximo por respirar y no sentir, todos en el hospital hacían su parte para que yo mejorara. Qué manera de ayudar, cuidar y acompañar. Les doy mi eterno reconocimiento a todos y cada uno: enfermeras, practicantes, intendentes, cocineras. ¡A todos! Entre ellos, había un radiólogo que todos los días a las 11 del día iba a tomarme una radiografía de tórax. De más está quizás explicar el suplicio que para mí representaba levantarme, inclinarme, voltearme, acostarme y girarme para que pudiera obtener su imagen. Un día al despertar, llegó la tercera señal de mi mejoría: ya no podía estar más ahí. El aire me sofocaba, la luz intensa era abrumadora, me quería tapar los oídos y no escuchar. Ya no soportaba mi cama, ni el sillón, ni a las pinches enfermeras con sus pastillitas y tomas de muestras, ni al cabrón de las radiografías. ¡Ya por favor! ¡Quiero irme, no soporto más! En realidad, todos me llenaban de amor y cuidados pero yo no lo podía ver, ya no quería estar ahí. En la visita se lo dije al doctor: "Por favor quiero salir, ya no aguanto. Ya levanté dos bolitas, ya no volví a pedir morfina, ya ni siquiera galletas he vuelto a encargar, por favor, solo quiero salir a los jardines y regresar." Me miró a los ojos, y como si no me hubiera escuchado, regresó sus ojos a mi expediente: "Déjame ver qué puedo hacer".

Dieron las 11 de la mañana y el radiólogo llegó. Empecé a prepararme para mi placa, pero él no se detuvo conmigo. Pasó de frente hasta la siguiente cama. No sabía qué pasaba, ni él tampoco. Solo me vio con cara de "ni modo, no estás en la lista", y así quedó. Algunas horas más tarde llegó un camillero: "¿Juan Diego?, ¿Listo para tu radiografía?"

—No... ¿Por qué?. Yo pensé que ya me había librado por hoy.

—Pues el doctor pidió que te lleváramos a radiología a sacarte una placa, así que ni modo. Pásate a la silla de ruedas.

Empecé a ver el gran regalo que la vida me mandaba por petición del doctor. Me pusieron mi tanque de oxígeno en las piernas, una cobija en la espalda y me llevaron por esa misma rampa por la que había entrado, pero en sentido contrario. A medida que avanzaba, el aire se hacía más suave, al fondo podía ver la luz natural del sol. Era como si a mi espalda se fueran quedando esa angustia, miedo y desesperación que hacía una semana sentía constantemente en mí. Al abrir la última puerta lo pude sentir: el aire puro de la ciudad de México en mi cara, entrando a mis pulmones en lo que a mí me pareció un largo suspiro. Cerré los ojos y respiré de nuevo mientras la luz del día llegaba a mi rostro. Sintiendo el movimiento de mi silla, estirando el cuello para relajar mi cuello y hombros, me dejé llevar. Al abrir los ojos y exhalar, estaban ahí: agapandos blancos y morados por todas partes, palmeras, pasto, luz... estaba extasiado con tanta belleza. Incluso un colibrí estaba volando ahí para mí, de flor en flor. Esos agapandos que hoy, para mí, representan la dicha de volver a respirar, volver a sentir, volver a vivir.

Radiología estaba exactamente en el lado opuesto del hospital. Fue un viaje eterno de regreso a la vida. Donde solo me dejé llevar y me di permiso de disfrutar, pasara lo que pasara. Había estado antes en esos jardines más de diez veces y no me había dado cuenta de esas flores, me había quejado de ardor en los ojos por causa del smog. ¿Qué había pasado que ahora todo era diferente y brillaba más? Al regresar a mi cama, todo se aceleró. Ya había saboreado el placer de vivir otra vez. En uno o dos días aquellas tres bolitas hicieron su trabajo y yo podría volver a mi casa.

Nadar, correr, rodar.

Los engranajes del universo se empezaron a alinear a mi favor a la par que mi esfuerzo por respirar se mantenía a todo vapor. Llegó el día en que podría regresar a mi casa y continuar con mi recuperación. Mi corazón brincaba de alegría. En algunas horas más podría abrazar a mis hijos. Qué importaba si el dolor fuera a disminuir muy lentamente. Quizás dos años todavía se sentiría, dijo el doctor, pero sentirlo en mi casa y con mis hijos, lo pintaba de un tono totalmente diferente. Sin embargo, todavía quedaba una sorpresa para empañar mi regreso a casa. Una hora antes de salir, por rutina, un médico practicante, llegó a revisarme. Y con aires de sabiduría tomó mi expediente y me dijo: "Al parecer su recuperación va muy bien y por ahora le daremos de alta. Sin embargo, tenemos ya los resultados de la biopsia realizada al lóbulo dañado que le extrajimos y, aunque no hay nada que nos indique qué causó el daño, hay algunos datos que nos generan sospechas de la presencia de un tumor maligno en el pulmón izquierdo. Por lo que hay muy altas probabilidades de que tengamos que hacer el mismo procedimiento en algunos meses más". Mi respiración volvió a cero al igual que mi entusiasmo. Mis ojos se llenaron de lágrimas que no me permití derramar. "Por ahora puede regresar a su casa". Mientras me ponía mi ropa en el baño, no resistí más. Abracé a Nayeli, y cual gorrioncillo pecho amarillo, pero sentado en un escusado: lloré, lloré y lloré. "No quiero que mis hijos me vean apagarme poco a poco", "No quiero vivir conectado a un tanque de oxígeno". Mis fuerzas se convirtieron en lágrimas y no me importó el dolor físico: lloré, lloré y lloré hasta que no pude más. Nayeli me sostuvo y como pudo, trató de animarme. "Lo que venga, juntos lo vamos a superar, estoy segura".

Un poco más tranquilos, casi una hora después, acordamos no decir nada a nadie hasta que nos lo confirmaran o negaran con seguridad. De nuevo, quizás fue mucho lo que tuve que callar y guardar en mi pecho tullido. Amarrado de una mano a la tristeza y de otra a la alegría, regresé a Morelia, sin permitirme vivir ninguna de las dos. "Aguántate por la tranquilidad de los otros, aunque tú valgas madre, pendejo". Me gritaba en silencio a mí mismo.

Regreso a casa.

Cuando por fin llegué a mi casa, toda la tristeza y miedo se desvaneció. Detrás de ese portón de madera estaban mis hijos: casi podía escuchar y ver sus sonrisas. Entramos y al abrir la puerta del carro, sus ojos y risas llenaron mi ser de tal manera, que por más que intentara, estoy seguro que no podría explicar. Pero quizás aquellos que se han despedido para siempre de sus hijos, y por fin los pueden abrazar de nuevo, puedan entender mi emoción, mi estado de éxtasis, de plenitud y tranquilidad. "¿Papá, me cargas de caballito?, me dijo Mariana en cuanto bajé del carro. "Jajaja... No puedo chiquitina, me mordió un tiburón y no te puedo cargar, solo abrazar".

La recuperación en casa no fue fácil, todavía quedaba mucho por hacer. Una semana después regresé a revisión con mi cirujano y la primera pregunta fue en relación al tumor. En pocas palabras, nunca hubo nada que hiciera sospechar de su presencia, no sabía por qué el practicante lo había dicho y nos ofrecía, de nuevo, una disculpa en nombre del INER.

"Tú ya no tienes nada Juan Diego, despreocúpate, vete a vivir tu vida. Solo tienes que inflar tu pulmón. Por ahora tienes un espacio vacío en el tórax. Al universo no le gusta el vacío y tu cuerpo con algo va a llenar ese espacio. Tú decides si es expandiendo tu pulmón con ejercicio o si dejas que se llene de líquido, grasa o tejido inservible. Si quieres que sea lo primero, lo mejor que te puedo recomendar es nadar, andar en bici y correr. Es lo mejor que puedes hacer para expandir tu pulmón".

Y así empecé. Quizás no tanto como nadar, andar en bici y correr, pero sí caminando de mi cama al comedor, tanto como podía. Después daba vueltas en la cochera y jardín de mi casa y regresaba a sentarme e inflar globos o levantar las tres bolitas y de nuevo a caminar. Ahora todo dependía de mí y quería a cualquier costo volver a mi vida normal. Poco a poco, los límites se fueron expandiendo de nuevo y tan seguido como mis fuerzas me dejaban, salía de mi casa a caminar. Un paso más allá cada vez y volvía a descansar y respirar. Por las mañanas llevaba a mis hijos a Valle Azul, y me estacionaba una cuadra antes, luego dos, después tres, hasta que se volvió una tradición estacionarnos lejos y tocar timbres a las 8 de la mañana. Cuando mi herida me lo permitió, entré a natación. Lo mismo: 25 metros muy suaves y tenía que descansar 5 minutos. Pero ahí estaba, cada vez podía respirar mejor.

"Nadar, bici, correr". ¿Y si me meto a un equipo de triatlón? Yo veía imposible lograrlo, pero me gustó soñar con la idea de terminar un triatlón. El esfuerzo se triplicó. ¿Para qué ser malo en un solo deporte, si puedes ser malo en tres? ¿Para qué esforzarte por uno, si puedes esforzarte por tres? Y me enfoqué en esforzarme por vivir y recuperarme. Se volvió más divertido cuando mis hijos quisieron entrenar conmigo. Y más todavía cuando el equipo nos abrazó como hermanos de siempre. Nadar, bici, correr... Qué importaba que mis hijos me rebasaran en las subidas. Estaban ahí conmigo y yo con ellos. Estaba vivo, sintiendo de nuevo el aire en la cara y mis piernas vibrar. Mi esfuerzo valía la pena, todavía podía dar más. "Si te animas ahí viene el triatlón de Teques en julio", me dijo el coach. ¡Un año después de mi cirugía! ¿Era posible de verdad? Seguro que sí... Ahí estaba Tequesquitengo, esperándome. "Teques, agárrate que ahí te voy".

Teques, la batalla contra la muerte.

Al llenar el formato en línea, empezó a vibrar la emoción en mi cuerpo. Como cuando tienes duda o miedo de hacer algo, pero la forma de latir de tu corazón, la respiración entrecortada y las manos frías te confirman que ese es el camino y que, tarde o temprano, de una u otra manera, vas a llegar ahí. Así sentía yo al llenar la afiliación a la Federación Mexicana de Triatlón. Tenía apenas 10 meses de la experiencia más dolorosa de mi vida y solo 3 meses entrenando, pero sabía dentro de mí que podía terminarlo. Esa era mi meta. Seguramente nunca vencería a Gómez Noya, pero mi reto, simplemente era llegar a la meta. Y si "solo" había que llegar, podía aumentar un poco el reto, ¿por qué no elegir la distancia más larga en Teques?

Con 3 meses por delante de entrenamiento no había razón para no lograrlo. Pagué mi inscripción y la de mis hijos y el esfuerzo por mejorar mi salud y condición física continuó. Tengo muy presente un entrenamiento en la caminadora. Normalmente tenía puesto mi pulsómetro: "Yelena", le decía yo, porque me gustaba decir y sentir que Yelena Isinbáyeva, la campeona olímpica de salto con garrocha, me acompañaba a entrenar. Al correr, es muy normal que el pulso se me acelere y tenga que caminar. Aunque mi pulmón se haya expandido, el tejido pulmonar sigue siendo la mitad del lado derecho y cuando hay un consumo mayor de oxígeno en el cuerpo, el corazón tiene que bombear más rápido. En fin, estaba yo en la caminadora trotando y mi pulso se mantuvo por debajo de los 150, límite superior recomendado por el médico y que Yelena, se aseguraba de que lo respetara. Pasaron otros 10 minutos y seguía sin regañarme Yelenita. 20 minutos más. Terminé la distancia que me correspondía, pero seguí corriendo, observando mi reloj, lleno de emoción por poder mantener mi ritmo cardiaco en su rango. Seguí corriendo casi el doble de la distancia hasta que, por primera vez, mis pulmones superaron a mis piernas. Llegó el momento en que ya no podía correr, pero no por falta de respiración, sino por cansancio en mis piernas. Parecía un muy buen augurio para Teques, que ya estaba a la vuelta de la esquina.

Llegó el día y cargué mi bici y las de Santiago y Andrés en la camioneta. Gogles, Tenis, zapatillas, casco, todo listo. Viajamos 7 horas en caravana con el equipo y llegamos por fin a confirmar nuestros registros. Después de llenar formatos y recoger mi kit, ya era hora de llevar mi bici a la zona de transición. Ahí se quedan las bicis toda la noche, porque al día siguiente, la competencia arranca en el agua. Me despedí de mi bici, fui a cenar con mi familia y a dormir temprano para estar al día siguiente al 100.

¿Dormir, decías Juan Diego?

En cuanto mi cabeza tocó la almohada, empezó a trabajar. Iba y venía sin descansar. En un momento me veía acostado, hecho bolita, despidiéndome de mis hijos, inhalando para elevar las bolitas. Al momento siguiente esforzándome al máximo, nadando, en bici, corriendo. Un momento más, imaginando la competencia del día siguiente. Todo se repetía de nuevo, pero a un nivel de emoción más alto. De pronto, simplemente lo reconocí. Esa emoción y miedo, ese nerviosismo no se debían a la competencia. No se debían a llegar o no a la meta. Aquella competencia no era contra los miles de atletas, tampoco contra mí. Es más, no era tampoco una competencia. Representaba el fin de mi batalla contra la muerte. En el momento en que lo reconocí no pude contener más la emoción dentro de mí. Cerré de nuevo los ojos y en silencio, lloré. Toda la noche lloré. Estaba listo para la batalla, quería vivir y levantar mis brazos en señal de triunfo.

Al día siguiente, a las 5 de la mañana, prácticamente sin dormir, me levanté. Me vestí con mi trisuit, me puse mi chip en el tobillo, preparé mi mochila con todo lo necesario y con el resto del equipo, nos fuimos al lugar de la batalla. Aún oscuro, en la zona de transición preparé todo en el orden correcto. Zapatillas montadas en los pedales, casco y lentes sobre el manubrio, gomitas de dulce sobre el cuadro. Tenis, cinturón y gorra a un lado, preparados para correr.

Apenas amaneciendo, me dirigí a la zona de arranque. Ahí me aparté de mi equipo y me quedé solo. Aquella batalla era entre la muerte y yo, nadie más. Idas y vueltas al baño por los nervios. Sonaba música fuerte entre anuncio y anuncio de arranque. Por mi categoría y distancia, todavía faltaba tiempo para arrancar. Empecé a calentar muy despacio y suave. Entré al agua para seguir calentando, ya faltaba menos tiempo. En la bocina llamaron a mi categoría y, entre empujones, me dirigí a la zona de salida. Quienes perseguían lugar en el podium, se fueron hasta adelante. Yo me quedé atrás, a un lado de la sombra, hombro con hombro con la muerte. Salió la última categoría previa a la mía y solo quedaban gorras rojas como la mía delante de mí. En la bocina comenzó a sonar "It's a beautiful day" de U2, mientras entraba en el agua esperando el sonido de arranque. "The heart is a Bloom…", y mi corazón en verdad floreció y se activó. BAAAANG! Caminando poco a poco, me introduje completamente en el lago y empecé a nadar. Tenía 1000 metros por delante. "To take me out of this place". Los empujones empezaron adelante, yo me hice hacia la orilla y tomé mi propio ritmo, desconectado de todo lo demás. No podía creerlo, estaba vivo, compitiendo contra la muerte en ese "beautiful day". Empecé a llorar dándome permiso de estar ahí completamente. Sentir el agua deliciosamente templada y refrescante por todo mi cuerpo. En cada brazada, dejaba que mi brazo se deslizara hacia adelante mientras el otro hací a su recorrido empujando hacia atrás. Aunque había planeado respirar cada 3 o 5 brazadas, no me importó y dejé que mi cuerpo tomara aire cada vez que mi codo derecho se elevaba. Mientras el sol bañaba mi cara de luz y vida. De pronto venían los pensamientos y emociones de la noche anterior y volvía a llorar, pero ahora a todo pulmón bajo el agua, a moco tendido. ¡Ahhhhhhhhhh! gritaba mientras mi gogles se llenaban de lágrimas y volvía a tomar aire y el sol me iluminaba de nuevo.

"It´s a beautiful day
don´t let it go away"
Volvía la canción a mi cabeza y empezaba a reír.

"Te vencí pinche muerte", pensaba y braceaba, pataleaba. "Esta vez te vencí". Al llegar a la boya para iniciar el regreso, me volteé boca arriba y vacié mis gogles. Volví a nadar. El sol ya no me daba en la cara al salir a respirar y de alguna forma, bajó un poco la emoción y volví a concentrarme en nadar. Tomé un buen ritmo y avancé. Seguí avanzando. Ahora cerraba los ojos bajo el agua y avanzaba tres o cuatro brazadas sin ver, solo sintiendo. La salida del agua ya estaba cerca. Tomé una inhalación muy profunda y grité de nuevo bajo el agua. El primer reto estaba cumplido. Al salir del lago volví la vista hacia atrás y vi que no me había ido tan mal. Aún quedaban más de la mitad de gorras rojas en el agua. En Teques, al salir del lago hay una pequeña zona de transición para ponerte únicamente los tenis y subir un camino largo y empinado hacia la verdadera zona de transición, donde esperan las bicis. Tomé mis tenis y empecé a correr por esa subida empinada, dejándome llevar por la adrenalina y el ritmo de la competencia, pero a los tres pasos, Yelena me regañó. Pulso: 175. "Camina Juan Diego, tú vienes a otra cosa, déjalos que se vayan", me dijo una voz en mi cabeza. Respiré y subí caminando tan rápido como mi reloj me lo permitía. Cansado al final de esa subida, vino la primera inyección de fuerza intravenosa. Nayeli, Santiago, Andrés y mi sobrino David, estaban ahí, animándome a seguir adelante. Retomé el ritmo y llegué a la T1, a dejar mis gogles y tenis. Ponerme casco y lentes para salir corriendo descalzo, empujando la bici que tenía ya las zapatillas colocadas. Llegando a la línea de montaje, un brinco para caer sentado y empezar a pedalear. Ya con ritmo, se meten los pies a las zapatillas y se ajustan. Ahora era tiempo de tomar ritmo para los siguientes 30 kilómetros. Concentrado, empecé a pedalear, tratando de seguir mi cadencia de entrenamiento. Cada vez que encontraba a alguien más o menos a mi velocidad me le pegaba para que me cortara el aire un rato. Después, alguna subida y lo dejaba ir. De pronto, venían de nuevo los pensamientos y emociones de la noche anterior y al recordar por qué estaba ahí, volví a llorar. Sobre todo, en las bajadas. Me despejaba los lentes de los ojos para que no se empañaran y dejaba salir las lágrimas. ¡Ahhhhh! volvía a gritar. "Te vencí pinche muerte", "en esta ocasión no pudiste conmigo", "¡estoy vivo!". Fueron varias vueltas al circuito y justo cuando empezaban a fallarme las piernas, escuchaba las porras: "¡Vamos papá, ánimo!". Me secaba las lágrimas y retomaba el ritmo. Aproximadamente una hora después terminé la bici. Antes de la línea de desmonte, soltar las tiras de las zapatillas y sacar los pies. Justo antes de la línea, se desmonta y, corriendo de nuevo junto a la bici te diriges a la zona de transición. Adios casco, adios bici. Tomas el cinturón con el número, los tenis y a correr. 7 kilómetros solamente me separaban de la meta. Menos de los que había corrido aquel día en la caminadora. Salí de la T2 a buen ritmo y le mandé un beso a mi porra. Avancé 200 o 300 metros y Yelena me regañó: 180 pulsos por minuto. Ni hablar, tendría que caminar. Avancé inhalando y exhalando muy profundo para recuperar mi ritmo cardíaco. Al llegar a 150 ppm ya me sentí en mi zona y troté de nuevo, muy despacio. Los demás competidores comenzaron a rebasarme. Al llegar al primer puesto de hidratación, me tomé un gatorade ahí y otro para llevar, junto con dos bolsas de agua fría para refrescarme. Aumenté un poco el ritmo y a los 500 metros, otra vez Yelena me regañó y volví a caminar. Así transcurrió toda la carrera de ida. Trotar, caminar, hidratar. Trotar, caminar, hidratar. Cuando llegué al retorno, casi todos los corredores me habían rebasado. Al regreso solo vi mayores de 60 años, ya todas las categorías habían pasado. Pero seguí tratando de mantener mi estrategia: trotar, caminar, hidratar. Pero al llegar a la siguiente hidratación, ya no había nada, la estaban recogiendo. Las piernas ya no me respondían y ahora quería llorar, pero de cansancio. La gente ya se iba e incluso ellos me rebasaban. Mientras me recordaba a mí mismo que era un bello día, trataba de trotar. Trataba de esforzarme y no rendirme. Fueron los 3 kilómetros y medio más largos de mi historia. De pronto, empecé a escuchar la música de la meta y me dio un poco de fuerzas. Troté más. Al llegar a una curva escuché gritos: "¡Ahí está!". Mis hijos y mi sobrino corrieron hacia mí, me dieron la mano y trotaron junto a mi los 500 metros que aún quedaban. Llegando al tapete azul, no los dejaron pasar y los solté. La meta estaba ahí, a escasos 50 metros. Me valió madres Yelena y corrí tanto como pude en un sprint final contra mi propia muerte. Atravesé la meta con los brazos levantados y mirando al cielo. Había sido el último en llegar, pero, aun así, había vencido. Era un verdadero campeón. Estaba vivo...

Al final de la premiación, esperé que todos se fueran. Subí al pódium, levanté los brazos en señal de triunfo y con los ojos y puños cerrados, en silencio, le grité a la muerte: "Te vencí. Esta vez no pudiste conmigo. Algún día tú ganarás, pero hoy te vencí". "Estoy vivo"

Respiración Transformacional.

Gracias a la medicina, a los cuidados de mi familia y a mi esfuerzo diario por estar mejor, mi pulmón se había expandido. Había ocupado ya prácticamente todo el espacio disponible para hacerlo. Fisiológicamente, estaba sano. Me dieron de alta completamente sin tener que regresar a más revisiones. Sin embargo, algo había aún en mí. Algo que yo podía sentir, pero que no identificaba plenamente. Algo que no me dejaba respirar. Y al igual que cuando extrañaba a Nayeli, viviendo lejos, me hacía suspirar muy profundo para sentir que mis pulmones se llenaban. Fue entonces cuando un compañero del triatlón mandó una invitación electrónica al equipo: "Taller de Respiración Transformacional con Eugenia Altamira. Aprende a respirar". Yo no tenía idea de nada. Solamente vi esa segunda frase y supe que quería estar ahí. Fuimos 4 o 5 personas nada más. Un espacio en la casa de Gerardo, mi amigo triatleta, adaptado para el taller. Incluso llevé yo mi propia almohada. Empezó la charla y algo me explicaron sobre los beneficios de respirar, las emociones, la vida, la forma en la que Dios nos la entrega a través de la propia respiración… Me explicaron cómo iba a estar inhalando y exhalando durante la siguiente hora y me entregué completamente a cualquier cosa que viniera. Fue la experiencia más extraordinaria que haya tenido en mi vida entera. Fue darme permiso de llenar mis pulmones sin esfuerzo, reconocer que todo aquello que necesitaba estaba ahí para mí. Solamente tenía que permitirlo entrar y ser parte de mí. Fue sentirme abrazado y consolado por Dios. Fue respirar a plenitud.

Después de esa sesión de respiración vinieron muchas otras. De alguna manera supe que era ese el camino que tenía que seguir, y lo seguí. Poco a poco, mientras se expandía mi respiración en cada sesión, fui dándome cuenta de que para mí respirar significaba dolor, frío, soledad, miedo. Y de pronto, mientras respiraba, me vi ahí, en el INER, hecho bolita, sintiendo de nuevo aquella angustia y ansiedad. De alguna manera se había grabado en mi mente que respirar estaba ligado a eso. ¡Ya no estaba ahí! Pero mi mente inconsciente no lo sabía y, en cada inhalación me llevaba a aquella experiencia. Tenía miedo de respirar. Al mismo tiempo que quería estar bien, tenía miedo de vivir. En otra sesión pude integrar y reconocer esa tristeza que había sentido al despedirme de mis hijos. De alguna manera, estaba guardada en mi mente y limitaba mi respiración. Fue como si otro pliegue de mi pulmón se hubiera despegado y más aire con más vida entrara a mi pecho. Pude abrazar a mi hija no nacida, Marcela. Y no sentir más culpa por no haber podido hacer nada por ella, por no haber podido arrullarla para dormir. Y otro pliegue más se expandió. Mientras respiraba en mis sesiones, desfilaron ante mí infinidad de ideas, de recuerdos, de creencias, de experiencias y conforme las iba integrando en mi cuerpo a través de la respiración, mi experiencia de vida se iba modificando. Cada vez era más libre de reir, abrazar, correr, volar, vivir. Y aquello que sentía corriendo o andando en bici en el cerro, lo podía sentir ahora en cada momento de mi vida. Respirar no era solamente la parte física que yo había perdido y recuperado poco a poco con mucho esfuerzo. Había mucho más relacionado con mi respiración. Cada pérdida, cada susto, cada castigo. El miedo al infierno, las separaciones se habían guardado en mi mente y se reflejaban en mi manera de respirar. La magia ocurrió como en un espejo. Cuando modifiqué conscientemente mi manera de respirar, haciéndola fluida y natural, el reflejo empezó a cambiar en mi vida.

La Respiración Transformacional, me abrió a un camino de conciencia y me permitió abrirme a ver cosas diferentes, de manera diferente. Me permitió aceptar libremente y sin culpa el regalo de la vida que tengo frente a mí todos los días. Algunas veces, al igual que Katsumoto, en "El último Samurai", podemos pasar la vida buscando la flor perfecta, el momento perfecto, la felicidad. A mí, la Respiración Transformacional me permitió reconocer la verdad en la plenitud de la vida y no al momento de la muerte como al samurai: "They are all perfect". Cada momento y cada suceso de nuestra vida es perfecto, si solamente confiamos y lo dejamos ser.

Mi nombre es Juan Diego López de Lara del Hoyo. Me considero un hijo consentido de Dios.

Esta es parte de mi historia. Y, a través de la Respiración Transformacional, ayudo a las personas a vivir en plenitud.

Todos podemos respirar mejor.

Todos podemos vivir mejor.

Epílogo.

Mejor escribe cosas positivas que sumen. Un día antes de recibir las correcciones de mi manuscrito, un miércoles a las 12 del día, decidí cerrar mi computadora, dejar mi oficina y, olvidarme dos horas del trabajo, para ir a saludar a mi mamá. Platicamos muy contentos con un jugo de jitomate y unas papitas con salsa para completar el snack saludable. Poco a poco, la plática se dirigió a los antepasados y, cómo, en ocasiones, preferimos verlos como santos vivientes mientras estuvieron en esta vida; olvidando algunas de las cosas que podrían manchar su aureola desde nuestra perspectiva. Ya en la emoción de la plática, me animé a contarle algunas de mis experiencias relacionadas con esos secretos, que he podido vivir en mis sesiones de respiración. Sentir en cuerpo propio la inmovilidad de mi abuelo, sentir la culpabilidad en mi mente por hacer de mi vida algo diferente a lo esperado, reconocer obligaciones que quizás no me correspondían, pero que, en mi cerebro, de alguna manera, las había adoptado. Palpar mi auto exigencia por ser tan perfecto y santo como me decían que mis antepasados fueron. La plática con mi madre siguió con anécdotas divertidas y me animé a leerle algunos capítulos de mi proyecto de autobiografía (De Toxín a Teques). Ahí terminó nuestra conversación, o eso creí yo. Al día siguiente, hoy que estoy escribiendo, mi mamá me llamó para decirme no tener derecho a publicar algunas cosas que le leí: "¿Por qué tanto odio? 1.0" y, "¿Por qué tanto odio? 2.0", entre otras cosas. "En verdad me dio mucha tristeza que, algunas cosas que escribes, no son positivas y no suman. No es un recuerdo que ayude a las generaciones y hay cosas que hieren, aunque sean ciertas. Puedes escribirlas o platicarlas, pero no hacerlo público. No cuidas los sentimientos, no te interesa herir".

—Entiendo.

Fue mi respuesta. Pero me quedé pensando y sintiendo.

¿No ayuda a las generaciones?

¿No es positivo lo que escribo?

¿No suma?

¿No debo publicarlo, solo platicarlo en secreto?

¿No me interesa herir?

¿Tengo que negar lo que sentí con lo que la vida me puso enfrente, para que nadie se ponga triste o se enoje?

¡Si es lo que quiero hacer con este libro, con una chingada! "Entender, sentir, reconocer, hacer mía mi historia y por fin poder expresarme tal y como soy, como pienso y siento...

Creo que, cuando vivimos un dolor, principalmente en la infancia y, por cualquier razón, no estamos listos para sentirlo y lo tenemos que callar, guardar y no expresar, esa emoción se queda grabada en nuestro cuerpo físico, como una carcasa que nos "ayuda" a no volver a sentirlo. Con el paso del tiempo, esa carcasa se refuerza, cada vez más: en nuestros músculos, en nuestra manera de respirar, en nuestras células. Y esa información, se transmite de célula a célula, para que permanezca en el tiempo. Lo que no sabemos, es que esa carcasa, no solo nos impide sentir ese dolor: ¡nos impide sentir! Sentir dolor, sentir amor, ternura, miedo, paz, angustia, plenitud... sentir.

Es como un caballero. Su armadura lo protege de ser herido, de sentir dolor. Pero también le impide sentir el viento, un abrazo, un beso.

Y si yo, no me encargo de reconocer, hacer mía y destruir esa carcasa; sintiendo y expresando aquel dolor, esa armadura se heredará. De manera inconsciente la aprendemos y de manera inconsciente la enseñamos también. Con las actitudes, con el ejemplo, con la reacción. Y si yo hoy la reconozco, y no hago nada, algún día mis hijos, mis sobrinos o mis nietos, se descubrirán dejando de hablarles a sus seres queridos, callando sus emociones y alegrías, reprimiendo el miedo y la angustia, sin saber por qué, solo reaccionando. Se descubrirán con esa carcasa que yo, no me permití destruir en mí.

Pero si, por el contrario, hoy, yo, Juan Diego, me doy el permiso de reconocerla y sentirla, de vivir y expresar esa emoción contenida y respirarla, esa armadura se destruye en mí y me libera para sentir en plenitud. Y más aún, no solo me libero a mí, libero también a cada una de mis células, a mi descendencia, y, si me apuran más, a mis hermanos, amigos y a la humanidad entera.

Así que hoy, con todo el amor y gratitud que siento por mi madre decido tomar mi voz, hacerla sonar y decir: "Esto sentí, y lo tuve que callar, pero no más". Y si con estas palabras le ayudo a alguien a reconocer su carcasa, entonces lo digo mil veces y lo imprimo en un libro con la esperanza de que se convierta en un "best seller".

Algunos días después de escribir esta reflexión, visité a mi tía Mela para darle una sesión de respiración. Platicando un poco antes de respirar, me dijo: "tengo algo que quiero mostrarte". Estiró la mano y de su buró, sacó una carta. Extendiendo su brazo, me la entregó diciendo: "me la trajo tu papá con un ramo de flores después de que lo operaron, hace un año". ¡No podía créelo!, mi papá, ¿unas flores y una carta a Mela?, no podía ser cierto. Abrí el pequeño sobre y al desdoblar la hoja reconocí esa letra cursiva inconfundible y que tanto cuesta leer. Según recuerdo decía algo así:

"Carmen, hoy es tu cumpleaños (25 de marzo), y quiero aprovecharlo para pedirte perdón. Me he dado cuenta que he sido muy grosero contigo sin tener ninguna razón. Solo has llenado de amor a mi esposa y mis hijos con esa gran alegría que te caracteriza. Creo que han sido celos por no ser capaz de divertirme con ellos como tú lo haces, de amarlos y cuidarlos como tú. Después de mi operación, me di cuenta, y no quiero presentarme a Dios así, me da miedo ganarme el infierno si no te pido perdón…"

¡NO ERA ODIO! ¡Lo que tenía mi padre, era esa carcasa! Esa armadura que le impedía sentir el dolor y el amor. ¡No podía actuar diferente, aunque quisiera! Así había sido programado su cerebro. Esa herencia que había adquirido sin darse cuenta y la había reforzado de manera inconsciente. Había hecho lo que podía con lo que tenía... Esa frase que muchas veces escuche sin entenderla. Y que hoy al escribir, me hace llorar a moco tendido por haberlo juzgado. ¡Ho'oponopono papá! ¡Lo siento, perdóname, te amo, gracias! Yo también hubiera querido tenerte en mis cumpleaños, que nos acompañaras los fines de semana y contarte de las ranas, de mi casa del árbol, mis paseos con mis amigos y mi amor con Nayeli... Me has hecho mucha falta. Pero hoy sé que no fuiste tú, solo hiciste lo que podías con lo que tenías: una carcasa de acero fundido. La misma que yo, con este libro, pretendo romper en mí, y en quienes vienen después de mí. Y si a quien lo lea, le ayuda a reconocer la propia y ablandarla al menos, con toda seguridad, lo que escribo, será algo positivo y que sume, algo que ayude a las generaciones.

"Todos podemos sentir mejor,
Todos podemos respirar mejor,
Todos podemos vivir mejor".

En varias partes del cuerpo tengo mis marcas de guerra: descalabradas, rasguños, fracturas que siempre me ayudan a recordar muy buenos momentos pero de todas ellas hay una en particular que entre esternón y la espina me recorre casi de forma horizontal. Esa me recuerda mi vida y la suerte que tengo de respirar.

Juan Diego estudió Ingeniería Electromecánica y una maestría en Administración. Sin embargo, después de enfrentarse a una situación cercana a la muerte, descubrió ese gran tesoro que todos tenemos con nosotros y que pocas veces valoramos: la respiración. Hoy es Facilitador y Líder de Grupo certificado por la Transformational Breath Foundation®, y ayuda a las personas a reencontrarse con su propio ser a través de la respiración, a recuperar su forma natural de respirar.

Es difícil describir cómo brinca de alegría mi corazón después de facilitar una sesión de respiración. Ver esa chispa de vida y gozo en los ojos de mi igual, es como contemplar un amanecer. Como estar de frente a Dios y poder mirarlo a los ojos.

@jdiego_llh

jdiego_llh@yahoo.com

JDiego Lopez de Lara

Made in the USA
Columbia, SC
22 November 2022